LE COCU.

PAR

CH. PAUL DE KOCK.

L'époux en permettra la lecture à sa femme.

Tome Deuxième.

PARIS,
GUSTAVE BARBA, ÉDITEUR,
PROPRIÉTAIRE DES OEUVRES DE PIGAULT-LEBRUN ET DE PAUL DE KOCK ;
RUE MAZARINE, N° 34, FB. S.-G.
1831.

LE COCU.

II.

PARIS. — IMPRIMERIE DE COSSON
Rue Saint-Germain-des-Prés, n° 9.

LE COCU.

CHAPITRE PREMIER.

PRÉLIMINAIRES DE BONHEUR.

Maintenant je vais tous les jours chez Eugénie, car je ne vois pas pourquoi je cacherais encore mon amour. Elle m'aime, elle sait que je l'adore; ne faudra-t-il pas que sa mère connaisse aussi nos sentimens? Je n'ai jamais pensé qu'Eugénie serait ma maîtresse; c'est un bonheur durable que je désire, que j'espère; Eugénie sera ma femme... Je suis sûr de son consentement, mais il faudra bien aussi avoir celui de sa mère.

Je crois que depuis long-temps la bonne maman avait deviné mes sentimens : les parens ne sont pas toujours dupes de nos petites ruses, de notre air de froideur, de cérémonie; mais quand ils ont l'air de ne pas voir, c'est qu'ils approuvent en secret nos penchans. Madame Dumeillan me voit venir tous les jours, et on ne va pas tous les jours dans une maison où il y a une jolie femme, sans qu'il y ait de l'amour sous jeu. Eugénie me boude quand j'arrive tard, me gronde quand je parle de m'en aller : la maman entend tout cela, et se contente de sourire. Je vois que notre amour n'est plus un secret pour personne.

Eugénie ne m'appelle plus M. Blémont, elle me nomme *monsieur* Henri, et rien que Henri lorsque nous sommes seuls. Qu'il est doux d'entendre pour la première fois celle qu'on aime nous appeler par notre nom de baptême, sans y joindre ce triste *monsieur!* Dès ce moment un lien plus fort nous unit, une intimité plus tendre règne entre nous. Eugénie sait aimer autant que moi : je lis dans ses yeux toutes ses pensées, elle ne cherche plus à me cacher ce qu'elle éprouve. Ah! j'ai trouvé la femme que je désirais : de la beauté, des grâces, de l'esprit et des vertus. Oui, des vertus: car Eugénie est bonne, sensible, soumise et tendre avec sa mère; jamais je ne l'ai entendue murmurer en obéis-

sant à ses moindres volontés. Je la jugeais très-coquette ; mais je me trompais. Elle aime les plaisirs de son âge ; elle s'y livre avec franchise, avec abandon : ce n'est pas là de la coquetterie. Elle riait avec ceux qui cherchaient à lui plaire, mais elle ne donnait à aucun de fausses espérances. Maintenant, lorsque dans les réunions du soir des jeunes gens viennent lui faire la cour, lui adresser des complimens, elle ne rit plus ; leurs propos galans l'ennuient ; ses yeux me cherchent, me suivent sans cesse, et lorsqu'elle peut se dérober à la foule, elle vient près de moi et me dit tout bas : « Henry, cela ne m'amuse plus
» d'être dans le monde... j'aime bien
» mieux quand vous seul venez nous
» tenir compagnie. »

Eugénie est peut-être un peu susceptible, elle cède trop vite à une première impression; je l'ai vue quelquefois, pour un mot mal interprété, pour une action fort innocente, prendre de l'humeur et bouder pendant quelques jours. Mais ce léger défaut disparaîtra avec le temps et l'expérience. Je crois aussi qu'Eugénie sera jalouse, très-jalouse même : elle change de couleur, elle se trouble, lorsque par hasard je cause long-temps avec la même dame. Mais, loin de la blâmer d'éprouver ce sentiment, j'en ressens une secrète joie; cette jalousie est une nouvelle preuve de l'amour que je lui inspire. Je serais fâché qu'elle me vît froidement causer avec une jolie femme; car je penserais qu'elle ne m'aime que légèrement. Et puis, après tout, je n'ai pas espéré trouver un être parfait; on dit qu'il n'en existe pas. Mais s'il existait une femme parfaite, je ne voudrais pas l'épouser. Je crois qu'on s'ennuierait avec elle.

Eugénie doit m'apprendre la musique. Elle trouve que j'ai une jolie voix, que je chante avec goût; déjà nous avons commencé les leçons; je ne ferai peut-être pas des progrès rapides: mais comme ces leçons nous plaisent, comme elles me procurent l'occasion d'être près d'Eugénie, de lui répéter cent fois que je l'adore, elle m'en donnera souvent, et il faudra bien que je devienne musicien. De mon côté, je dois lui apprendre la peinture; elle a eu quelque notion du dessin; elle désire avec ardeur pouvoir se servir d'un pinceau, et je ne doute pas qu'en peu de temps elle ne fasse honneur à son maître.

Chaque jour augmente mon amour

pour Eugénie, et chaque jour j'acquiers de nouvelles preuves de son attachement pour moi. Ces heures délicieuses que je passe près d'elle, mais toujours devant sa mère, me font désirer un bonheur plus grand encore. Pourquoi tarderais-je à fixer mon sort? Eugénie acceptera avec joie le titre de mon épouse. Je ne lui ai encore parlé que d'amour, et point de mariage; mais qu'avais-je besoin de prononcer ce mot? et Eugénie, de son côté, pouvait-elle m'en parler? Une demoiselle bien élevée ne demande pas à l'homme qui lui fait la cour s'il a l'intention de l'épouser, car elle ne doit pas lui en supposer d'autre. Celle qui fait une pareille question se met toujours dans une position défavorable; elle semble dire: « J'aurai de l'amour pour vous, » quand je serai sûre que vous m'épou-

» serez. » Triste amour, que celui que l'on peut commander ou décommander à volonté!

Je viens de me rendre chez madame Dumeillan. Il est midi. Eugénie est seule par extraordinaire; la maman est allée faire une visite, Eugénie a trouvé moyen de se dispenser de l'accompagner; elle espérait que je viendrais. Elle me le dit, avec ce sourire charmant qui me transporte, qui me ravit. Elle me tend sa main que je presse avec ivresse; puis je m'asseois à côté d'elle, bien près, aussi près qu'il soit possible. Je lui parle de mon amour... Je lui dis... ce que je lui ai déjà cent fois répété... que je ne suis heureux qu'auprès d'elle. Mais on ne se lasse pas d'entendre les assurances d'un sentiment que l'on partage : quand de tels discours nous fatiguent, c'est que notre cœur commence à changer.

En parlant à Eugénie, j'ai pour la première fois passé mon bras autour de sa taille, et je la presse tendrement contre moi; mais elle se dégage doucement et se lève en me disant : « Allons, » Monsieur ! venez au piano, vous devez » prendre une leçon ce matin. »

Je ne me sens pas capable de regarder tranquillement des notes. Je retiens Eugénie par la main : « De grâce, causons » encore !..... Nous avons tout le temps » d'être au piano... — Nous causerons en » étudiant. — Il me serait impossible d'é- » tudier ce matin... — Et pourquoi cela, » Monsieur ? est-ce que cela vous ennuie » déjà d'apprendre la musique ? — Oh ! » non... Mais... j'ai tant de choses à vous » dire; il est si rare que je vous trouve

»seule!... — Est-ce que la présence de
» maman vous empêche de me parler?...
» Ne causons-nous pas tous les soirs des
» heures entières pendant que l'on joue?
» — Oui... mais ce n'est plus la même
» chose... C'est bien plus doux d'être
» seuls!..... Chère Eugénie, je voudrais
» passer ma vie rien qu'avec vous!... —
» Oh!... cela vous ennuierait bien vite!...
» — M'ennuyer avec vous!... C'est impos-
» sible!..... C'est vous peut-être qui ne
» voudriez pas me sacrifier les homma-
» ges de cette foule de jeunes gens qui
» soupirent pour vous!... — Ah! que c'est
» vilain de dire cela!... Moi qui m'ennuie
» partout où vous n'êtes pas!..... Est-ce
» que j'écoute les complimens, les galan-
» ries d'une foule de jeunes gens? Allons!
» venez au piano, Monsieur... — Encore
» un moment!... »

Je l'adore, je suis certain d'être aimé d'elle, et pourtant je tremble pour prononcer le mot de mariage!... Quelle singulière chose! Hésiter... être embarrassé avec ce qu'on aime pour parler d'un lien qu'on désire tous deux! Avec une jolie femme, je n'ai jamais hésité pour triompher de sa pudeur et abuser de sa faiblesse; il me paraît qu'il faut plus de courage pour bien se conduire que pour faire des folies.

Je tiens la main d'Eugénie, elle me l'a abandonnée. Je ne puis parler, mais je couvre sa main de baisers. Je ne sais si elle devine tout ce qui se passe dans mon cœur; mais une vive rougeur colore ses joues, et elle détourne ses yeux pour ne point rencontrer les miens. Enfin je balbutie à demi-voix et d'un air presque honteux :

« Eugénie..... voulez-vous être ma femme?... »

Elle ne me répond pas; mais sa main serre tendrement la mienne, son sein palpite avec force, je rencontre ses yeux qu'elle veut détourner encore... Ils sont mouillés de larmes... Quelles sont douces, ces larmes que le plaisir fait verser! Je tombe aux genoux d'Eugénie en répétant le serment de l'aimer toute ma vie.

J'étais encore à ses genoux... on est si bien ainsi devant la femme qu'on adore! On a dit, je crois, que rien n'était plus sot qu'un homme aux genoux d'une femme. Cela peut être devant une femme qui nous résiste; mais près de celle qui nous aime, je ne vois rien de sot dans cette position-là.

On a ouvert la porte du salon : c'est

madame Dumeillan. Elle me trouve aux genoux de sa fille.

Je ne me sens pas confus d'être surpris ainsi, car je n'ai point d'intentions coupables ; et Eugénie elle-même regarde sa mère sans effroi. Mais elle lui dit en rougissant :

« Maman..... il me jure qu'il m'aimera
» toute la vie... Il me demande si je veux
» être sa femme.... »

La maman sourit ; nous ne lui apprenions rien de nouveau. Cependant je cours à elle, je prends ses mains que je serre dans les miennes, je la supplie de ne point s'opposer à mon bonheur et de me nommer son fils.

« Que vous a répondu Eugénie ? » me dit avec bonté madame Dumeillan. « Vous
» savez que je la gâte un peu... Si elle ne
» veut pas vous épouser, je ne l'y con-

» traindrai pas, je vous en préviens. »

En disant cela, la bonne maman regarde sa fille avec malice; elle sait bien que mon amour est partagé. Eugénie vient se jeter dans les bras de sa mère; elle cache sa jolie figure sur son sein; elle ne peut plus parler. Moi-même j'en ai à peine la force. Madame Dumeillan prend la main de sa fille qu'elle met dans la mienne..... Eugénie cache toujours sa figure, mais sa main répond à la mienne; sa mère nous entoure de ses bras et nous tient ainsi pressés contre son cœur... Heureux moment! goûterai-je jamais un bonheur plus pur!...

Ce premier instant d'effusion calmé, madame Dumeillan s'écrie : « Mais, en
» vérité, pour une mère, j'agis bien en
» étourdie!... Je vous marie et je ne sais
» pas seulement si vous avez le consen-

» tement de madame votre mère, si no-
» tre alliance lui plaira?

» — Oh! oui, Madame! je suis bien
» tranquille de ce côté!... Ma mère sera
» enchantée de me voir marié; le choix
» que j'ai fait ne pourra que lui plaire...
» Je ne lui avais pas encore parlé, parce
» que, avant tout, je voulais savoir si
» Eugénie... si mademoiselle votre fille...

» — Allons! dites, Eugénie, Monsieur,
» on vous le permet à présent. N'est-ce
» pas, ma fille, que tu le lui permets? —
» Oui, maman... — Chère Eugénie... Ah!
» Madame, que vous êtes bonne!... Mais
» je vais aller trouver ma mère... Je veux
» que demain elle vienne elle-même... —
» Eh, mon Dieu! donnez-lui donc le
» temps, au moins... — Non, madame,
» il faut aller vite pour être heureux...
» Vous avez consenti... Puis-je ne pas

» être empressé de vous nommer aussi
» ma mère? — Dites de la nommer votre
» femme, fripon! — Eh bien! oui; je
» brûle de la nommer ma femme!...
» Chère Eugénie... je suis si content...
» je cours chez ma mère... — Si vite!
» mais il est fou, en vérité!... — Henri,
» vous reviendrez ce soir?... — Pouvez-
» vous me le demander! »

Je baise la main d'Eugénie, celle de madame Dumeillan, et je sors précipitamment pour me rendre chez ma mère. Ah! je suis bien heureux! et cependant je voudrais être plus vieux de quelques semaines, afin de l'être davantage. Mais nous désirons toujours vieillir! et si nous avions notre vie entière à notre disposition, nous la dépenserions en bien peu de temps.

Ma mère n'est pas chez elle; quel

contre-temps!... Elle est allée faire des visites... chez qui?... où la chercher?... Je m'éloigne en disant à la domestique que je vais revenir. Je sors, et je ne sais où aller. Ma mère demeure rue du Pas-de-la-Mule; je ne connais personne dans ce quartier. Retourner chez Eugénie, c'est trop loin : je veux revenir bientôt chez ma mère. Promenons-nous sur les boulevards du Marais; ils sont moins fréquentés que les autres. Je pourrai y penser à mon Eugénie sans être distrait par le monde.

Je me suis promené un quart d'heure. Je retourne chez ma mère; elle n'est pas rentrée. Il faut me promener encore!... Quel ennui! j'aurais eu le temps d'aller voir Eugénie : loin d'elle je ne vis plus!...

Un petit homme passe près de moi, se retourne, puis s'arrête en me barrant le passage. Je n'avais point fait attention à cet original; mais il me crie : « Ha ça ! » à quoi, diable ! pense-t-il donc pour ne » plus reconnaître ses amis ? »

C'est Bélan ! Je lui tends la main : — « Pardonnez-moi, mon cher Bélan, mais » je ne vous voyais pas ! — Vous étiez » terriblement préoccupé... Vous son- » giez à vos amours, je gage ? — Ma foi, » oui ; je ne m'en cache pas. Je pensais » à celle que j'aime, que j'adore, que » j'adorerai toute ma vie ! — Oh ! comme » nous avons la tête montée ! je me re- » connais là !... »

Je suis comme les enfans; je brûle d'apprendre, de dire à tout le monde ce qui me rend heureux. Je conte à Bélan mes amours et mon prochain hymen avec mademoiselle Dumeillan. Le petit séducteur fait une demi-pirouette, et

frappe des mains en s'écriant : « Bah!
» vous allez vous marier?... Eh bien,
» d'honneur, il y a sympathie entre
» nous : je veux me marier aussi!... —
» Vraiment? — Oui... Oh! j'y suis même
» très-décidé : je suis las de bonnes
» fortunes!... Et puis, toujours la vie en
» péril, ça finit par devenir fatigant.
» Depuis mon aventure avec Montdi-
» dier... vous vous rappelez? — Oh!
» parfaitement... C'est ce jour-là que j'ai
» vu pour la première fois Eugénie chez
» Giraud. — Ah! vous avez connu votre
» future chez les Giraud? Alors ce sont
» eux qui ont fait ce mariage-là. — Non,
» certainement... Madame Dumeillan les
» voit rarement... Moi, je ne leur en ai
» jamais parlé. Il me semble que je n'ai
» pas besoin de Giraud pour me marier.
» — C'est égal ; comme c'est chez lui

» que vous avez connu la demoiselle, il
» sera furieux s'il n'est pas de la noce,
» s'il n'y dirige pas tout, si sa femme
» n'est pas au haut bout de la table, et
» si ses trois enfans n'y mettent pas du
» dessert dans leur poche. — Alors, je
» crois qu'il pourra bien être furieux.
» — Pour en revenir à moi, mon cher
» ami, je vous disais donc que, depuis
» mon aventure avec madame Montdi-
» dier, j'en ai eu d'infiniment désagréa-
» bles !... Obligé de sauter par la fenêtre
» d'un entresol ; une autre fois de passer
» la nuit sur un balcon, où j'ai gagné un
» rhume qui m'a coûté huit rouleaux de
» sirop ; et dernièrement, pour n'être
» pas surpris par un mari, forcé de me
» cacher dans un coffre où j'étouffais !...
» J'y suis resté une heure. Quand on
» m'en a retiré, j'étais pourpre, je n'avais

» plus de vent !... Ma foi ! cela m'a tota-
» lement dégoûté des intrigues galantes ;
» et, ainsi que vous, je veux faire une
» fin. Je fais la cour à une demoiselle qui
» demeure rue de la Roquette... J'y vais
» en ce moment... Vous l'avez peut-être
» vue chez Giraud : c'est mademoiselle
» de Beausire. — Je ne me souviens pas
» de l'avoir vue. — Ah ! c'est une bien
» belle personne !... Figure régulière...
» nez aquilin... J'aime beaucoup les nez
» aquilins... Des yeux extraordinaires...
» belle taille... belles formes... tout y
» est !... — Vous êtes sûr que tout y est ?
» — Hum ! mauvais plaisant !... Oui, j'en
» suis sûr... Ça se voit tout de suite !
» Je fais une cour assidue, et j'ai lieu de
» penser qu'on ne me voit pas avec in-
» différence. Dernièrement, en jouant
» aux jeux innocens chez sa mère, elle

» m'a choisi pour faire une confidence...
» Elle s'est approché de moi en rougis-
» sant, et m'a dit à l'oreille : *Je ne sais*
» *que vous dire!...* J'étais dans l'enchan-
» tement ! — C'était bien fait pour cela.
» — Oui ; car, Je ne sais que vous dire,
» signifiait : Je craindrais de vous en
» dire trop. — Avec un peu de bonne
» volonté, cela peut signifier cela. —
» Depuis ce temps je ne fais plus mys-
» tère de mes intentions. C'est, au reste,
» un fort bon parti. Mademoiselle de
» Beausire a quatre-vingt mille francs
» de dot... et des espérances brillantes !...
» Sa famille est noble. Ma foi! mon cher,
» je vous avoue que, pour être mieux vu
» de la belle-mère, j'ai risqué un petit *de*
» devant mon nom : c'est Giraud qui m'a
» conseillé cela. On ne m'appelle plus que
» Ferdinand de Bélan !... — Ah ! vous

» vous êtes anobli de votre autorité
» privée... — Mon cher, je crois que
» j'en ai le droit; en fouillant dans mes
» paperasses de famille, j'ai vu qu'un
» de mes aïeux a été officier de bouche
» de Louis XV, et pour occuper cet em-
» ploi il fallait être noble. C'est sans
» doute pendant la révolution que mon
» père aura, par crainte, supprimé son
» *de*. — Mais je vous ai entendu sou-
» vent professer la plus profonde aver-
» sion pour les titres, vous moquer des
» vieux parchemins? — Ah! vous savez...
» on dit souvent une chose... pour avoir
» l'air d'avoir une opinion!... Vous ver-
» rez ma future... vous verrez, je ne vous
» dis que ça!... et sa belle-mère!... femme
» superbe encore, et d'un ton!... Elle a
» été à la cour!... aussi on est un peu sé-
» vère sur l'étiquette. Mais elle adore sa

» fille, et elle a juré de ne jamais s'en sé-
» parer!... — Alors vous épouserez deux
» femmes à la fois..—Oh! c'est une façon
» de parler!... Mais voici l'heure où ces
» dames sont visibles... Adieu, mon cher
» Blémont; je vous invite d'avance à ma
» noce, car je veux que nous fassions une
» noce brillante... chez *Lointier*: ses sa-
» lons sont magnifiques... J'ai déjà dans
» la tête les deux toilettes que je ferai ce
» jour-là, et le pas que j'exécuterai pour
» ouvrir le bal... J'espère bien aussi que
» j'irai à votre noce, à vous? — Ma foi!
» j'ignore si nous en ferons une. Ce sera
» comme Eugénie voudra; je vous assure
» que ce n'est pas cela qui m'occupe. —
» Moi je rêve, toutes les nuits, noces,
» festins, galopade; deux fois j'ai ren-
» versé mon *somno* en croyant ouvrir le
» bal!... Décidément, c'est fort gentil de

» se marier; on m'assurerait douze mille
» livres de rente, que je ne voudrais pas
» rester garçon. Adieu, mon ami : je cours
» chez ces dames. »

Moi, je cours chez ma mère, et je la trouve cette fois. Elle n'a pas encore fini de me demander des nouvelles de ma santé, que déjà je lui conte mes amours; je ne m'arrête qu'en la suppliant de venir tout de suite avec moi chez madame Dumeillan.

Mais ma mère ne partage pas ma vivacité, qui cependant la fait sourire. Elle est bien aise que je songe à m'établir; elle ne doute pas que je n'aie fait un bon choix. Mais la voilà qui commence ces cruelles phrases d'usage : « Il » faudra voir... s'assurer; il ne faut pas se » presser!... »

Ne pas se presser! quand il s'agit du bonheur!... Ah! les parens ne veulent jamais se rappeler le temps où ils étaient amoureux! Je presse, je supplie ma mère de m'accompagner sur-le-champ chez ces dames. Elle me fait tranquillement observer qu'il est près de quatre heures, qu'elle dîne en ville, et qu'il est trop tard pour qu'elle se rende aujourd'hui chez madame Dumeillan. Tout ce que je puis obtenir, c'est la promesse qu'elle ira demain dans la journée. Elle me permet même d'annoncer sa visite à ces dames.

Allons! il faut bien prendre mon parti. Je quitte ma mère... Je gage que je ne suis pas au bas de l'escalier, que déjà elle a oublié ma visite et pense au partner qu'elle aura ce soir pour faire son wisk.

Je retourne le soir près d'Eugénie. Ce n'est que là que je puis prendre patience et trouver moyen de passer le temps jusqu'au jour où je serai son époux.

Malheureusement, c'est le soir de réunion de madame Dumeillan; il vient beaucoup de monde : nous ne pourrons pas causer... Mes yeux expriment à Eugénie toute l'impatience que j'éprouve de ne pouvoir lui parler de mon amour; ses regards me disent qu'elle partage mon ennui. En ce moment le monde nous déplaît beaucoup. Si tous ces gens-là savaient combien nous serions contens de les voir s'en aller..!

Cependant, les parties de jeu étant arrangées, j'espère me rapprocher enfin d'Eugénie. Mais voilà M. Giraud et sa femme qui arrivent. Après les saluts et les échanges de politesse, madame Giraud s'empare d'Eugénie, et son mari vient se placer près de moi. Il me parle d'un ton où il met, je crois, de la malice. Il aura entendu dire que je faisais la cour à mademoiselle Dumeillan ; il pense peut-être que je vais le prier d'arranger mon mariage, de parler pour moi, de stipuler les clauses du contrat... Pauvre Giraud! Je le vois venir!... Mais je feins de ne pas comprendre ses demi-mots, ses allusions. Quand il parle d'Eugénie je change de conversation. Il est piqué. Il se lève et me laisse là; c'est tout ce que je voulais. Je gage que sa femme fait auprès d'Eugénie ce qu'il a fait près de moi. Bélan avait raison, ces gens-là ne nous pardonneront pas de nous marier sans qu'ils s'en soient mêlés; mais nous nous passerons de leur pardon.

Madame Giraud s'est éloignée d'Eugénie d'un air d'humeur; Eugénie me regarde en souriant : j'avais deviné le sujet de leur conversation. Le mari et la femme se rejoignent, chuchottent avec chaleur. Les voilà maintenant qui se dirigent vers madame Dumeillan; ils la cernent : l'un est à sa droite, l'autre à sa gauche; elle ne pourra leur échapper. Ils vont tâcher d'être plus heureux près de la mère d'Eugénie. Mais ils perdront encore leur temps : madame Dumeillan ne leur dira rien; elle trouve un prétexte pour les quitter après quelques minutes d'entretien.

Giraud et sa femme sont fort en colère. Ils se rapprochent de moi; je gage qu'on va me lancer des épigrammes, des coups de pate : justement, c'est madame Giraud qui commence en s'adressant à son mari de manière à ce que je l'entende.

« C'est très-drôle... n'est-ce pas, M. Gi-
» raud ? — Oui, madame Giraud, c'est
» très-plaisant... on fait de la diploma-
» tie, ici. — Oui, on fait un mystère de
» ce qui est le secret de Polichinelle, ah !
» ah ! ah ! On nous prend peut-être pour
» des imbéciles ! — Ça me fait cet effet-
» là. — Ne dirait-on pas qu'il s'agit de
» l'union de deux puissances?... — On a
» peut-être peur d'être obligé de nous
» inviter à la noce... — Ah ! mon Dieu !
» des noces !..... nous n'en manquons
» pas!.... C'est-à-dire que nous en avons
» tant que c'en est dégoûtant !... — J'en
» ai encore refusé une pour demain. Et
» ce pauvre Bélan, qui nous a déjà re-
» tenu pour la sienne, qui se fera chez
» Lointier. — Ce jeune homme-là fera

» un très-bon mari.... Ça s'arrange-t-il,
» avec madame de Beausire? — Oui, oh!
» depuis que j'ai été voir la belle-mère,
» toutes les difficultés s'aplanissent. Il
» y a des gens qui ne craignent pas que
» je me mêle de leurs intérêts, et qui s'en
» trouvent fort bien même. — Allons-
» nous-en, M. Giraud; nous avons en-
» core le temps d'aller chez nos bons
» amis qui ont un logement de cent
» louis, rue de la Paix, et dont tu as ma-
» rié la fille il y a deux mois. — Tu as
» raison.... je suis sûr qu'ils nous atten-
» dent pour prendre le thé. »

Le mari et la femme s'éclipsent sans rien dire à personne. Voilà pourtant des gens qui nous en veulent, parce que nous trouvons naturel et commode de faire nos affaires nous-mêmes. Mais dans le monde il faut si peu de chose pour se faire des ennemis, surtout avec les petits esprits !

La société commence à se retirer ; je trouve un moment pour causer avec Eugénie. Je lui dis que ma mère viendra demain la voir. Elle rougit et soupire en me répondant : « Si je n'allais pas lui
» plaire..... Si elle ne voulait pas de moi
» pour sa fille... »

Ne pas lui plaire !... Et à qui pourrait-elle ne pas plaire ? Oh ! je suis bien tranquille. J'ai rassuré Eugénie, et enfin je la quitte lorsque l'heure l'ordonne, puisque je n'ai pas encore le droit de ne point la quitter.

En rentrant chez moi, je rencontre Ernest qui descend de chez sa maîtresse. Depuis que je ne sors plus de chez madame Dumeillan, j'ai bien négligé mes amis du cinquième. Ernest m'en fait

d'aimables reproches. Mais ils ne m'en veulent pas; ils savent que je suis amoureux, et trouvent tout naturel que je ne pense qu'à celle que j'aime. Cependant Ernest me dit : « J'espère que vous
» viendrez nous voir quelquefois, quoi-
» que Marguerite cesse bientôt d'être
» votre voisine. — Elle va déménager?
» — Dans huit jours. Grâce au ciel, elle
» ne logera plus dans une mansarde!.....
» Pauvre petite! elle a été assez malheu-
» reuse! elle m'a fait assez de sacrifices
» pour que je me réjouisse de lui offrir
» enfin une situation plus douce. Grâce
» au ciel, mes affaires vont bien!..... J'ai
» eu des succès, mon ami, et des succès
» lucratifs!... Je ne les ai point mangés
» dans les cafés ou au restaurant, parce
» que j'ai toujours pensé à Marguerite,
» pauvre et privée de tout dans sa man-

» sarde. Vous voyez que, quoi qu'en ait
» dit mes parens, cela ne fait pas tou-
» jours du tort d'avoir une maîtresse
» pauvre, puisque de bonne heure cela
» m'a donné de l'ordre et de l'économie.
» — Je vois que vous n'êtes point un
» égoïste, et que vous ne pensez pas
» comme tant de jeunes gens de votre
» âge, qui croient faire assez pour une
» femme en la menant au spectacle et
» chez le traiteur... plaisirs dont ils par-
» tagent la moitié... mais qui cessent de
» s'inquiéter d'elle dès qu'ils ont quitté
» sa demeure. — J'ai loué un joli petit
» appartement, rue du Temple ; c'est
» presque en face des bains. C'est là où
» nous demeurerons ; je dis *nous*, car
» bientôt j'espère ne plus quitter Margue-
» rite. Peu m'importe ce qu'on dira... Je
» veux être heureux, et je laisserai parler

» les médisans. — Vous avez raison, mon
» cher Ernest : le bonheur est une chose
» assez rare pour qu'on lui fasse quel-
» ques sacrifices. Moi, je vais me ma-
» rier..... Épouser mon Eugénie !..... tous
» mes vœux sont comblés. — Je pourrais
» bien aussi épouser Marguerite... Mais
» nous sommes si bien comme cela !.....
» Pourquoi changer ?..... D'ailleurs, n'a-
» vons-nous pas tout le temps ?... Adieu,
» mon cher Blémont. Vous viendrez
» nous voir, n'est-ce pas ?... — Oui, je
» vous le promets ! »

CHAPITRE II.

MARIAGE, RENCONTRE, BAL.

Ma mère a été voir madame Dumeillan ; ces dames se sont convenu..... C'est beaucoup quand deux femmes sur le retour se conviennent. Ma mère trouve Eugénie très-bien ; elle m'a fait compliment de mon choix, et ma mère est difficile! Je suis dans l'enchantement, dans le ravissement. Les dispositions du contrat ont été bien vite réglées entre ces dames, qui n'ont chacune qu'un enfant. Moi, je hâte tant que je peux le moment de mon mariage. Je suis cependant heureux maintenant. Je passe les trois quarts des matinées et toutes mes soirées avec Eugénie. Si ces dames vont en société, je les accompagne. Notre prochaine union n'est pas un mystère, et plusieurs jeunes gens m'ont déjà félicité de mon bonheur. Quelques-uns ont soupiré en regardant Eugénie... ils l'aimaient peut-être! Pauvres jeunes gens, je les plains! mais, en vérité, je ne puis rien pour eux.

Il est décidé que je garderai le logement que j'occupe. Il est assez grand

pour que j'y reçoive ma femme, et je le fais décorer avec soin pour qu'il soit de son goût. Il n'eût pas été assez grand si madame Dumeillan était venue loger avec nous, ce que je croyais d'abord; et Eugénie espérait aussi que sa mère ne la quitterait pas : mais madame Dumeillan lui a répondu avec tendresse et fermeté : « Non, mes enfans, je ne demeu-
» rerai point avec vous. Un homme, en
» se mariant, n'a le désir de prendre
» qu'une femme : pourquoi lui en don-
» ner deux ? Je sais que Henri m'aime,
» qu'il me verrait avec plaisir demeurer
» chez lui; mais je sais aussi, mes en-
» fans, que deux jeunes époux ont sou-
» vent mille choses à se dire, et que le
» tiers le plus aimé gêne quelquefois. En
» amour, en jalousie, pour la querelle la
» plus légère, la présence d'une autre per-

»sonne peut être nuisible, et faire durer
»huit jours ce qui n'aurait été que l'af-
»faire d'un moment; elle arrête les
»épanchemens de l'amour et double
»l'aigreur d'un reproche. Mais je me lo-
»gerai près de vous; je vous verrai sou-
»vent, bien souvent. Et vous me trou-
»verez toutes les fois que vous me dési-
»rerez. »

Eugénie est obligée de céder à sa mère, et moi... ma foi! moi, je trouve que madame Dumeillan a raison.

Ferons-nous une noce? telle est la question que je me suis souvent proposée, et que plus d'une fois j'ai été tenté d'adresser à Eugénie. Mais un peu plus de réflexion m'a fait sentir que j'aurais tort de ne point fêter mon hymen. Pour me faire plaisir, Eugénie aura l'air de ne pas tenir à un bal; mais, à vingt ans, parée de mille charmes, douée de toutes les grâces qui attirent, qui subjuguent, n'est-il pas naturel de désirer se montrer dans tout l'éclat de son bonheur? ne marque-t-il pas dans la vie, ce jour où l'on est pour la première fois appelé madame, quoique l'on n'ait pas entièrement cessé d'être demoiselle; où l'on n'a point encore l'assurance de l'une, où l'on sent au contraire s'augmenter toute la pudeur de l'autre? Oui, dans l'âge des amours, des plaisirs, il faut faire une noce; il le faut doublement, lorsqu'on épouse l'objet que l'on chérit: le bonheur embellit. Mon Eugénie n'a pas besoin de cela; mais pourquoi n'aurais-je pas un peu de vanité? pourquoi ne serais-je pas fier de mon triomphe?

Nous ferons une noce, c'est décidé : c'est-à-dire un grand déjeuner après la cérémonie, puis le soir le bal et le souper chez Lointier. Je m'arrangerai pour que mon Eugénie ait pour ce grand jour de superbes toilettes ; non qu'elle puisse me plaire davantage, mais je veux qu'elle goûte tous ces triomphes de femme qui font époque dans la vie. Je lui permets d'être coquette ce jour-là.

Le moment de mon bonheur approche. Nous nous occupons des listes d'invitation. Pour le déjeuner peu de monde, mais assez cependant pour que les convives ne s'ennuient pas et que cela n'ait pas l'air d'une assemblée de famille. Pour le soir beaucoup de monde; les salons sont grands, il faut les remplir. Nous tâcherons seulement qu'au milieu de la foule il ne s'introduise pas de ces beaux messieurs qui ne sont connus ni du marié, ni de sa femme, ni de leurs

2*

parens, mais qui se présentent effrontément dans un grand bal où, à la faveur de leur tenue, ils viennent manger des glaces, souper, et souvent tricher à l'écarté.

Nous avons déjà écrit une foule de noms; je n'ai pas oublié celui de Bélan; et comme ces dames connaissent un peu madame de Beausire et sa fille, nous leur envoyons aussi une invitation, ce qui rendra heureux ce pauvre Ferdinand. Tout à coup je m'arrête, je regarde en souriant Eugénie et sa mère, et je leur dis : « Faut-il mettre aussi leur » nom ?

» — Je gage que je devine ! » s'écrie Eugénie. « Henri pense à la famille Gi- » raud ? — Justement.

» — Pourquoi les inviter ? » dit madame

Dumeillan; « ces gens-là sont ennuyeux
» et d'une curiosité qui va jusqu'à l'es-
» pionage. — Je pense comme vous, et
» la dernière fois qu'ils sont venus à
» votre soirée ils m'ont paru bien ridi-
» cules! Mais je ne puis oublier que
» c'est chez eux que j'ai vu Eugénie pour
» la première fois... Notre invitation leur
» fera tant de plaisir... Et quand je suis
» si content, j'aime à ce que les autres
» le soient aussi! — Maman, Henri a
» raison... invitons-les... »

Décidément le nom de Giraud est inscrit sur la liste. Enfin le jour solennel est arrivé. Je suis levé dès six heures du matin, je n'ai presque pas dormi. Je ne puis tenir en place... Que ferai-je jusqu'à onze heures où je dois aller chercher ma mère, puis mon Eugénie? Lire, c'est impossible; dessiner, peindre,

c'est impossible aussi... penser à elle...
ah! je ne fais que cela... mais cela me
fatigue, et ne me distrait pas. Après
m'être habillé, je parcours mon logement où je suis seul encore; j'examine
si rien ne manque. J'espère qu'elle s'y
trouvera bien. Ce logement que j'occupe depuis quatre ans me rappelle in-
volontairement mille épisodes de ma
vie de garçon... Cette chambre... ce petit salon ont vu plus d'une femme... j'ai
reçu bien des visites... Lorsqu'on m'avait
promis de venir déjeuner ou de passer
la journée avec moi, avec quelle impatience je comptais les minutes; jusqu'à
l'heure du rendez-vous, combien je craignais qu'un importun ne vînt sonner à
la place de celle que j'attendais!... Sur ce
canapé, que de sermens, de baisers, de
promesses!... et comme tout cela s'ou-

bliait vite!... Ah! j'étais aussi bien heureux dans ce temps-là.

Eh! mais... j'y songe... toutes ces lettres que je recevais alors, je ne les ai pas brûlées, elles sont dans une cassette sous mon bureau. J'ai eu souvent du plaisir à les relire : mais si Eugénie trouvait cela... Ah! brûlons! brûlons tout... A quoi bon les garder maintenant?

Je tire la cassette qui renferme les billets doux ; je l'ouvre... elle est bourrée de lettres! Il y a des dames qui aiment tant à écrire!... les unes parce qu'elles écrivent bien, les autres parce qu'elles le croient; quelques-unes seulement parce qu'elles nous aiment. Je prends toutes ces lettres, je les porte dans une cheminée... je les entasse... Mais avant d'y mettre le feu j'en ouvre une... puis une seconde... j'en prends ensuite une autre... chacune me rappelle une époque... un jour de ma vie. C'est singulier comme le temps passe au milieu de ces vieux souvenirs... neuf heures sonnent : je lisais encore... Je n'ai plus d'amour pour ces dames ! Mais ce sont mes derniers adieux à ma vie de garçon.

J'ai mis le feu à tout cela, non sans laisser échapper un léger soupir. Enfin les amours du garçon ont brûlé, il n'en reste qu'un peu de cendre !... il n'en restera pas plus de tous les biens, de toutes les merveilles de la terre !

Voilà des pensées bien sérieuses pour un jour de mariage... mais elles m'ont servi à passer le temps, et c'est quelque chose. D'ailleurs, les extrêmes se touchent : plus on est au comble du bonheur, plus l'âme est disposée aux impressions de la mélancolie. Un épicier qui pèse du sucre, ou un facteur qui porte ses lettres, n'a pas de ces émotions-là.

Ah! j'allais encore oublier quelque chose; car depuis quelque temps, ne m'occupant que d'Eugénie depuis le matin jusqu'au soir, il n'est pas étonnant que je n'aie point mis en ordre toutes mes affaires. Je me suis amusé à peindre en miniature quelques-unes de ces dames dont je viens de brûler les lettres. Ces portraits sont enfermés dans le pupitre sur lequel je peins... Il y en a huit... Dois-je aussi en faire le sacrifice?.. Ce serait dommage; non pas à cause des modèles, mais ces miniatures ne sont vraiment pas mal faites. Pourquoi les détruire? D'abord Eugénie ne les verra pas; et quand même elle les verrait... ce sont des portraits de fantaisie... Quand on peint la figure, il faut bien faire des portraits. Je fais donc grâce à ces dames, et je remets leurs jolies figures dans le fond du pupitre d'où je ne pense pas qu'elles sortent jamais.

Cette fois tout est bien vu, bien examiné... il ne reste plus rien en ces lieux qui puisse offenser les regards d'Eugénie... Non... elle peut y venir, y régner en maîtresse; désormais, en fait de femmes, il n'entrera plus ici que celles qu'elle voudra bien recevoir.

Il est temps de m'occuper de ma toilette. Je ne ferai pas mal d'ailleurs d'être chez ma mère un peu avant l'heure. Pourvu que les voitures ne se fassent pas attendre!... Mais quelqu'un entre chez moi... Ah! c'est mon portier et sa femme... Ils tiennent un gros bouquet.

Est-ce qu'ils croient que je vais le mettre à ma boutonnière?

Le mari s'avance d'un air gracieux et va pour parler: sa femme ne lui en laisse pas le temps.

« Monsieur, c'est à l'occasion de votre
» mariage; nous sommes bien flattés de
» pouvoir vous féliciter, dans un si beau
» jour, en vous offrant ce bouquet et
» nos complimens... dont ces immor-
» telles sont le gage de votre bonheur,
» qui durera éternellement. »

Pendant que sa femme a débité cela, le portier a essayé de glisser quelques mots; mais il n'a pas pu. Je prends le bouquet, je donne de l'argent et je les renvoie. Un jour de noces n'aurait rien d'agréable s'il fallait subir beaucoup de félicitations semblables. Enfin une voiture est en bas. Je descends, je passe rapidement devant une rangée de cuisinières et quelques commères de la maison, qui sont dans la cour pour me voir, comme si un homme qui se marie avait ce jour-là le nez placé différemment qu'à l'ordinaire.

Je me fais conduire chez ma mère. Elle ne fait que de commencer sa toilette. « Il n'est pas encore onze heures, » me dit-elle; « nous avons le temps... Va lire le journal. »

Que j'aille lire le journal!.. au moment de me marier!.. moi qui n'en peux pas lire un tout entier quand je n'ai rien à faire. Non : j'aime bien mieux rester, et toutes les cinq minutes je vais cogner à la porte de son cabinet de toilette pour m'informer si elle est prête.

A onze heures et un quart j'enlève ma mère, je l'emmène presque de force, quoiqu'elle trouve son chapeau mal posé et qu'elle veuille faire changer les rubans de place. Mais je n'écoute rien; nous sommes en voiture; je jure à ma mère qu'elle est parfaitement coiffée; elle se calme et veut bien redevenir aimable.

Nous arrivons chez ces dames. Eugénie est prête... J'étais sûr qu'elle ne se ferait pas attendre, qu'elle aurait pitié de mon impatience. Sa toilette est charmante, à ce que disent toutes les personnes qui sont là; moi: je ne remarque pas sa robe, je ne vois qu'elle; je la trouverais encore cent fois plus jolie, si je le pouvais.

Un de nos témoins se fait attendre. Il y a des gens qui, pour être agréables aux autres, ne se hâteraient pas d'une minute et pour lesquels il n'y a jamais dans le monde sujet de se presser. Je ne pourrais pas vivre avec des gens comme cela.

Enfin le témoin est venu ; on part pour la mairie. Ce n'est pas moi qui donne la main à Eugénie. Aujourd'hui tout est pour les cérémonies ; on doit être plus heureux le lendemain de ses noces que le jour même.

Les cérémonies ne m'ont jamais amusé; celles de mon mariage me semblent extrêmement longues. Pour prendre courage, je regarde ma femme... elle est plus que moi pénétrée de la dignité de ce moment ; elle est vivement émue ; elle pleure... Chère Eugénie!.. Moi, je ne pense qu'à l'aimer toujours, et certainement il n'était pas nécessaire qu'on me l'ordonnât.

Tout est fini. Nous regagnons les voitures, toujours en ordre de cortége et au milieu d'une foule de curieux qui nous dévorent des yeux. Je me sens plus léger, plus heureux... Je suis si content que cela soit fini !

J'ai aperçu à l'église Giraud et sa femme en grande tenue; ils nous ont fait des complimens que je n'ai pas écoutés; mais je leur ai dit : « A ce soir; » et ils ont répondu en s'inclinant profondément.

Nous nous rendons chez Lointier, où un beau déjeuner nous attend. Mais c'est généralement une chose assez triste qu'un déjeuner de noce. La mariée ne peut guère rire, et lors même qu'elle est le plus contente, elle est pensive et parle peu : les grands parens veulent toujours conserver leur dignité : moi, je suis préoccupé, ou plutôt ennuyé d'être encore au matin. Il y a bien dans la réunion quelques plaisans ou gens qui veulent l'être : un gros monsieur, allié de ma mère, nous lance quelques-unes de ces plaisanteries surannées sur la circonstance, sur le bonheur qui nous attend ; mais les quolibets de ce monsieur n'ont aucun succès, on ne rit pas, et il se voit forcé de garder les bons mots dont je crois qu'il avait fait une ample provision. J'en suis enchanté : je trouve de telles plaisanteries de fort mauvais ton ; il faut laisser cela aux noces de laquais ou de portiers ; il faut respecter la pudeur de celle qui n'a plus qu'un jour d'innocence ; il faut en supposer à celles qui n'en ont pas.

Eugénie et moi, nous sommes loin l'un de l'autre ; nous ne pouvons causer ; mais nous nous regardons à la dérobée et nos yeux se disent mutuellement de prendre patience.

Cinq heures ont sonné. Les dames partent pour changer de toilette. Je reconduis ma femme à la voiture qui va l'emmener avec sa mère. Je voudrais bien m'en aller avec elle. Madame Dumeillan et ma mère me font sentir que je me dois à la société qui est encore à table. Eugénie se penche vers moi et me dit à l'oreille : « Oh ! mon ami, nous se» rons bien plus heureux demain !... On » ne nous séparera plus, j'espère !... »

Chère Eugénie, tu as bien raison... Il faut que je retourne me mettre à table, parce qu'il plaît à quelques-uns de nos convives de boire et de manger pendant quatre heures de suite... Encore si j'avais faim, moi !

A six heures on quitte enfin la table.

Plusieurs de ces messieurs se mettent à jouer. Comme la politesse n'exige pas que je les regarde perdre leur argent, je pars et me fais conduire chez ma femme.

Le coiffeur ne fait que d'arriver, et elle vient de lui livrer ses beaux cheveux. Ces coiffeurs sont vraiment trop heureux! tourner ces belles tresses dans leurs doigts, regarder à chaque instant la jolie tête qu'on leur confie... Celui-ci met au moins trois quarts d'heure à coiffer Eugénie, comme s'il était difficile de la rendre charmante!... Mais les femmes ont une grande patience pour tout ce qui tient à leur toilette.

Elle est coiffée. Mais on l'emmène. Elle n'est point habillée. Ma femme n'est pas encore à moi... elle est aux convenances de ce jour. Patience! une fois que j'en aurai pris possession!... Ce soir, je verrouille toutes les portes, et on ne nous verra demain que quand je le voudrai.

Je vois bien qu'Eugénie ne sera pas habillée avant une heure au moins; je sors pour tâcher de tuer le temps. Je me jette dans un des remises qui sont en bas et me fais conduire aux Tuileries.

Je descends de voiture rue de Rivoli, et j'entre dans le jardin. Le jour commence à finir; le temps est sombre et incertain. Il y a fort peu de monde sous ces beaux marronniers vers lesquels je me dirige. J'en suis charmé; je n'aime pas les promenades où il y a du monde: ces gens qui vous regardent ou vous coudoient à chaque instant, vous empêchent de rêver, de penser à votre aise.

Je vais rarement aux Tuileries; je trouve ce grand jardin triste et monotone. Mais aujourd'hui il me semble plus agréable... C'est que je puis librement y penser à ma femme... Ma femme!... ce mot sonne encore singulièrement à mes oreilles... Je suis marié, moi, qui me suis si souvent moqué des maris!... Avais je tort de m'en moquer, ou ferai-je exception à la règle?...

Je marche au hasard. Je me trouve devant l'enceinte où figurent Hippomène et Atalante. Cela me rappelle certain rendez-vous..... Il y a trois ans..... c'était dans le cœur de l'hiver; il avait tombé beaucoup de neige..... Ce jardin..... ces bancs en étaient couverts, et il faisait un froid bien vif. Mais il s'agissait d'un rendez-vous d'amour, et alors on ne consulte pas le baromètre. C'était avec une nommée Lucile qui, par décence, se faisait appeler madame Lejeune, et faisait des reprises perdues dans les cachemires. Elle était fort jolie, cette Lucile... Vingt-trois ans alors, une jolie taille, bien faite, une figure presque distinguée, et qui ne trahissait pas la grisette!... Je crois que son portrait est au nombre de ceux que j'ai conservés. Elle aimait avec fureur pendant quinze jours, la troisième semaine cela se calmait, et ordinairement elle était infidèle au bout du mois. Comme on m'avait prévenu, je jugeai plus drôle de la devancer et d'en prendre une autre avant que les quinze jours fussent expirés. Elle ne me le pardonna pas; son amour-propre fut blessé, car je ne pense pas qu'elle aurait été plus constante avec moi qu'avec un autre; mais elle voulut me le faire croire, et depuis ce temps, lorsque je l'ai rencontrée, j'ai toujours remarqué de l'amertume dans ses paroles et du dépit dans ses regards.

C'était devant cette enceinte... près de ces statues, que nous nous étions donné rendez-vous. Malgré la rigueur du froid, je me rappelle que Lucile y était avant moi. Il n'y avait que quatre jours que nous nous connaissions... et nous nous adorions. Elle ne me gronda pas de ce que je l'avais fait attendre, et cependant son nez, son menton étaient rouges de froid, ses doigts avaient l'onglée, mais ses yeux étaient brûlans. Je la fis monter dans une voiture, et l'emmenai dîner chez Pelletan, au Pavillon-Français. Ce fut une des jolies journées de ma vie de garçon.

Oui, mais tout cela ne vaut pas un

sourire d'Eugénie..... Je vais m'éloigner d'*Atalante*, lorsqu'en me retournant je vois à deux pas de moi une dame mise avec assez d'élégance qui me regarde en souriant et dit : « Avouez qu'il
» n'y manque que la neige pour que le
» rapprochement soit complet. »

C'est Lucile!... quel singulier hasard! Je m'approche d'elle. « Vous ici, Ma-
» dame! — Oui, Monsieur, et je vous
» prie de croire que ce ne sont pas des
» souvenirs que j'y viens chercher. —
» — Moi, Madame, je m'y trouvais par
» hasard... Mais en passant près de ces
» statues, je me suis rappelé un rendez-
» vous d'hiver, et je vous avoue que je
» pensais à vous... — Vraiment!... Ah!
» que c'est beau de votre part!... Il faut
» venir aux Tuileries pour cela... n'est-ce
» pas, Monsieur?... — Madame... quand

» cela serait, convenez qu'assez d'autres
» s'occupent de vous... Un de plus ou
» de moins dans le nombre de vos sou-
» pirans!... Vous ne devez pas vous en
» apercevoir!... — Ah! c'est extrême-
» ment poli, ce que vous me dites là!.....
» Mais cela ne m'étonne pas! vous n'a-
» vez jamais eu que des choses aimables
» pour moi!..... Vous êtes toujours le
» même. — Il me semble que je ne vous
» ai rien dit qui... — Oh! mon Dieu!
» laissons cela... Vous croiriez que j'at-
» tache du prix à vos souvenirs, et vous
» auriez grand tort. Mais comme vous
» êtes en tenue!... Est-ce que vous allez à
» la noce? — Précisément; je suis à la
» noce depuis ce matin... et je me pro-
» mène ici un moment pendant que la
» mariée achève sa toilette de bal. — Ah!
» vous êtes de noce... La mariée est-elle

» jolie?... — Charmante. — Est-ce une
» veuve ou une demoiselle? — C'est une
» demoiselle. — Quel âge? — Vingt ans.
» — A-t-elle... ce que vous savez bien?...
» — Je vous dirais cela demain bien
» mieux si je vous voyais. — Est-ce que
» vous êtes garçon d'honneur? — Mieux
» que cela. — Mieux que cela!..... Com-
» ment!... est-ce que... Oh! non, ce n'est
» pas possible... Vous ne vous mariez
» pas, vous?... — Pourquoi n'est-ce pas
» possible? — Parce que vous ne faites
» pas de ces bêtises-là!... — Je ne sais
» pas si le mariage est toujours une bê-
» tise; mais je puis vous assurer que je
» suis marié de ce matin et que, loin d'en
» être fâché, je m'en félicite. — Ah! si
» c'est de ce matin, cela se conçoit.....
» Quoi! vraiment, Henri, vous êtes ma-
» rié?... Ah! ah! ah! que c'est drôle!.....

» — Qu'y a-t-il donc de si drôle à cela?...
» —'Ah! ah! ah!... ce pauvre Henri!...
» Vous êtes marié!... D'honneur, je n'en
» reviens pas!..... Mais je vous jure que
» cela me fait le plus grand plaisir!... Ah!
» ah! ah!... »

Les ricanemens de Lucile ont quelque chose d'ironique qui commence à m'impatienter. Je la salue et vais m'éloigner, elle me retient. « Ah!... encore un mo-
» ment, Monsieur; il est probable que
» je n'aurai pas de long-temps le plaisir
» de causer avec vous... un homme ma-
» rié ne sort pas sans sa femme.... La vô-
» tre est donc bien jolie?—Oui. —Vous
» en êtes bien amoureux?— Plus que
» je ne l'ai jamais été. — Ah! que c'est
» honnête!... — Pourquoi ne dirais-je
» pas ce que je pense? — C'est juste.
» Dites donc, il faut tâcher qu'elle vous

» aime aussi plus que vous ne l'avez ja-
» mais été... Ah! ah! ah! ah! — Mais je
» crois que ce ne sera pas difficile. —
» Vous croyez ?..... vous pourriez vous
» tromper. — Pardon, Madame, si
» je vous quitte; mais ma femme doit
» avoir fini sa toilette, et je vais la cher-
» cher. — Du moment que *votre femme*
» vous attend !.... allez, monsieur, et tâ-
» chez qu'elle n'attende jamais que vous...
» Ah! ah! ah! »

Je vois que Lucile ne m'a pas encore pardonné. Je la quitte. Je n'ai pas été maître d'un mouvement d'humeur que cette femme m'a fait éprouver. Je me jette dans la voiture, qui me ramène près d'Eugénie. Elle m'attendait; sa vue, une seule de ses paroles dissipent bien vite ce léger nuage. Eugénie est éblouissante; ses charmes, ses grâces, sa brillante toilette, tout se réunit pour que son aspect enchante. Je lui prends la main....« Il est l'heure de se rendre au bal. » Allons, partons! » me répètent madame Dumeillan et ma mère ; moi, je tenais la main d'Eugénie, je regardais ma femme, et j'avais oublié tout le reste.

Notre entrée dans les salons est accompagnée d'un murmure flatteur. Les éloges retentissent à mes oreilles, et j'avoue qu'ils flattent aussi mon cœur; c'est ma femme que l'on admire. Eugénie rougit et baisse les yeux; mais il lui serait difficile de ne point entendre les complimens qui pleuvent sur son passage.

Il y a déjà beaucoup de monde ; mes connaissances viennent me saluer. Giraud m'a pris et serré la main. Je me sens disposé à être l'ami de tout le monde :

je suis si content!... On se presse autour de ma femme pour obtenir la faveur de danser avec elle. Les jeunes gens prennent leur numéro. Je viens d'entendre l'un d'eux dire qu'il était le vingt-sixième. D'après cela, il ne faut pas que je me flatte de danser avec ma femme cette nuit. Mais j'ai pris mon parti, et je fais danser les autres.

J'aperçois un petit monsieur qui pousse et bouscule tout le monde pour se faire faire de la place. C'est Bélan, donnant la main à une demoiselle qui a au moins la tête de plus que lui, et avec laquelle il va danser. En passant près de moi il s'arrête et me dit :

« Mon ami, voilà mademoiselle Ar-
» mide de Beausire, dont je t'ai parlé si
» souvent. »

Je m'incline devant mademoiselle Armide, qui n'est ni belle ni laide, et dont les yeux sont en effet presque aussi grands que la bouche; mais il y a dans sa physionomie et dans toute sa personne quelque chose de raide, de pincé, qui sent la province d'une lieue.

On fait foule pour voir danser Bélan et mademoiselle Armide. Le petit-maître danse fort bien; et comme il est très-bien fait, il s'est fait faire un pantalon collant, un habit collant et un gilet collant; il n'y a pas un pli sur toute sa personne : si sa figure était noire, on croirait que c'est un petit Nègre *in naturalibus*.

Entre les contredanses je tâche de me rapprocher de ma femme; je lui présente une foule de gens que je connais à peine, mais qui me disent : « Voulez-vous bien me présenter à madame? »

Sur les minuit la foule est devenue si considérable que l'on peut à peine circuler; est-ce que je connais tout ce monde-là?... non.... mais j'ai dit à plusieurs de mes connaissances de m'amener des leurs, et cela va si loin quelquefois. Du reste, la réunion est brillante. Il y a de belles toilettes, de fort jolies femmes; les hommes ont de la tournure, et je ne vois pas au milieu de tout cela de ces figures ignobles et plates, de ces vieux bonnets plissés que l'on rencontre avec surprise dans une réunion élégante, où pourtant ils ont souvent plus que tout autre le droit de figurer : car, dans une noce ces vilaines têtes communes que l'on aperçoit dans les coins, sont ordinairement celles de quelque oncle ou de quelque cousine que l'on n'a pu se dispenser d'inviter.

J'ai rencontré trois fois Giraud mangeant des glaces ou en portant à sa femme. Il n'a amené que deux de ses enfans, les aînés; c'est bien généreux de sa part. Je suis tellement heureux aujourd'hui que j'invite madame Giraud à danser. Elle paraît très-flattée de cette politesse. Eh! que m'importe à moi avec qui je danse, quand ce n'est pas avec Eugénie. Je ne songe plus à faire la cour aux dames!....Autre temps, autres soins.

« Votre bal est délicieux, » me dit Bélan, en m'entraînant dans un salon où l'on joue, mais où l'on peut circuler. « Vous avez au moins quatre cents per- » sonnes!...— Ma foi! je serais bien em- » barrassé de vous en dire le nombre...Si » l'on s'amuse, c'est tout ce qu'il faut. — » Ce sera comme cela à mon mariage.....

» Comment trouvez-vous Armide ? —
» Elle est fort bien. — Et ses yeux ? — Ils
» sont superbes. — N'est-il pas vrai qu'ils
» sont extraordinaires?... Eh bien, mon
» ami, elle a tout comme cela... l'esprit,
» les talens.... et un ton si distingué......
» M'avez-vous vu danser avec elle? — Oui.
» — N'est-ce pas, que nous nous enten-
» dons bien?... — C'est dommage que
» vous soyez un peu petit à côté d'elle.
» — Petit?... vous plaisantez! C'est elle
» qui est un peu grande..... Au reste,
» quand on est moulé comme je le suis,
» cela vaut trois pouces de plus!... Je ne
» me changerais pas à coup sûr contre
» ce grand déhanché qui est devant
» nous... Ces hommes grands ont tou-
» jours mauvaise tournure... Avez-vous
» vu madame de Beausire? — Je ne crois
» pas. — Venez donc, que je vous pré-

» sente à elle... Vous allez voir une
» femme qui n'a pas un mouvement ro-
» turier.... C'est le type du bon ton. »

Je me laisse conduire : je fais tout ce qu'on veut ce soir. Je vois une grande femme jaune qui me fait l'effet d'un morceau de vieille tapisserie, et qui a l'air de ne pas avoir ri depuis qu'elle est au monde. Je me hâte de saluer et de m'éclipser. Il me semble qu'on doit attraper le *spleen* dans la compagnie de madame de Beausire.

L'heure du souper arrive... Enfin ce bal finira, et quoique je ne m'ennuie pas précisément, je voudrais pourtant bien être chez moi avec ma femme.

On fait placer les dames. Je m'occupe de tout le monde; je fais soigner les grandes et les petites tables. « Repo-
» sez-vous donc, prenez donc quelque

» chose!..» me dit-on. — Eh! vraiment, je songe bien à manger! j'aime mieux presser le souper de tout ce monde-là.

Je trouve Giraud avec ses deux enfans assis à une petite table avec trois jeunes gens. Giraud tient un *baba* sur ses genoux, et il a glissé une gelée au rhum sous la table, ne voulant pas faire circuler cela, de peur que cela ne lui revienne pas. Je lui fais apporter du poisson, du pâté, des volailles; je couvre de gâteaux les assiettes de ses enfans. Giraud est dans le ravissement; il me serre la main, en murmurant : « C'est » une des plus jolies noces que j'aie vues » de ma vie... et, Dieu merci, j'en ai » terriblement vu! »

Madame Giraud, qui a été obligée de quitter la grande table lorsque les autres dames se sont levées, vient alors tourner derrière son mari et ses enfans. Elle a un énorme ridicule passé au bras; tout en ayant l'air de faire passer à ces messieurs de ce qu'ils désirent, je la vois qui ouvre à chaque instant le sac et y entasse baba, biscuits et même croûtes de pâtés. Giraud, qui s'est aperçu que je remarquais le manége de sa femme, lui dit d'un ton d'humeur, au moment où madame essayait de pousser encore des macarons dans son sac :

« Qu'est-ce que tu fais donc, madame » Giraud? qu'est-ce que c'est que ces ma- » nières-là?.. tu mets un macaron dans » ton sac!.. — Mon ami, c'est seulement » pour Azor... cette pauvre bête... tu » sais bien qu'il aime les macarons... ça » serait perdu!.. Quel mal cela fait-il?... » il faut bien qu'il se sente un peu de la » fête, ce pauvre Azor. — Madame Gi-

» raud, vous savez bien que je n'aime
» pas cela. »

J'apaise Giraud, qui fait semblant
d'être en colère, et je m'éloigne pour
laisser toute liberté à sa femme, qui finit
par faire un balon de son sac.

Cependant les tables sont abandonnées; beaucoup de personnes retournent à la danse; mais beaucoup d'autres
remontent en voiture, et je trouve que
celles-là font très-bien.

Le bal est peut-être plus agréable
maintenant, parce qu'on danse plus à
l'aise. Eugénie est toujours invitée; il
faut que je me contente de me placer
en face d'elle; mais il y a des figures où
nous nous donnons la main... alors,
combien nous nous disons de choses par
une douce étreinte... il semble que le
cœur, que l'âme passent dans cette main

chérie qui serre tendrement la nôtre.

Les rangs s'éclaircissent. Ma mère est partie. Madame Dumeillan n'attend que notre départ pour en faire autant. Il est cinq heures. Le jour se montre à travers les carreaux et commence à faire pâlir l'éclat des lustres. A chaque instant le nombre des dames diminue. Je me suis approché d'Eugénie : « Je suis fati- » guée de danser, » me dit-elle, « et pour- » tant je n'ose refuser. — Mais il me » semble que nous pourrions bien par- » tir maintenant. »

Elle baisse les yeux et ne répond pas. Ma foi! j'ai bien assez fait pour les autres : pensons enfin à moi. Je prends la main de ma femme, je l'entraîne. Madame Dumeillan nous suit; nous montons en voiture, et nous voilà partis. Il faut que nous remettions madame Dumeillan chez elle; nous irons chez nous après. Le trajet est court, mais il me semble long. Plus on touche au moment d'être heureux, plus l'impatience de l'être redouble.

Nous avons peu parlé devant la maman. Enfin voilà sa demeure. Je descends; madame Dumeillan embrasse sa fille... cet embrassement me semble bien long... Egoïstes que nous sommes!.. je ne songe pas que c'est le dernier où une mère tient encore sa fille vierge dans ses bras... et que j'aurai tout le reste de ma vie pour jouir de mes droits d'époux.

Madame Dumeillan est rentrée chez elle... Je remonte dans la voiture, qui repart. Je suis enfin seul avec Eugénie, avec ma femme... Je crois que ce moment est le plus doux que j'aie encore goûté ; il me semblait qu'il n'arriverait jamais. J'entoure Eugénie de mes bras... Elle a pleuré en embrassant sa mère ; je l'embrasse à mon tour, et elle ne pleure plus, car je l'étourdis de caresses, et de nouvelles sensations font palpiter son cœur.

Nous sommes chez moi, chez nous. La domestique qui doit nous servir, et qui était chez sa mère, nous attendait chez le portier avec de la lumière ; mais il fait jour, nous n'avons besoin de personne. Ma femme entre chez moi ; je la conduis : je sens qu'elle tremble... je crois que je tremble aussi... Singulier effet du bonheur... cela étouffe... cela fait presque du mal.

J'ai fermé les portes, mis les verroux...

Je suis seul avec ma femme... Enfin ! il n'y a donc plus personne... Nous pouvons nous aimer, nous le dire, nous le prouver !...

CHAPITRE III.

LA LUNE DE MIEL. — NOCE DE BÉLAN.

Comme le bonheur use la vie!... Voilà quinze jours d'écoulés depuis que je suis l'époux d'Eugénie, et il nous semble à tous deux que nous sommes mariés d'hier!.. Ces quinze jours ont passé si vite!.. Ah! il me serait bien difficile de dire comment nous les avons employés... nous n'avons le temps de rien faire. D'abord nous nous levons tard, nous déjeunons en tête-à-tête, puis nous causons; souvent je tiens Eugénie assise sur mes genoux, on s'entend mieux quand on est tout près. Nous faisons des plans, des projets; nos conversations sont souvent interrompues par des baisers que je vole ou que l'on me donne. Nous sommes tout surpris, en jetant les yeux sur la pendule, de voir qu'il est près de midi, et qu'il y a deux heures que nous causons. Il faut alors songer à s'habiller pour aller voir madame Dumeillan et quelquefois faire un tour de promenade. On s'habille en causant encore. Je prie Eugénie de me chanter une romance, de me toucher quelque chose sur le piano. S'il me vient par hasard une visite, une consultation qui me retienne un quart d'heure dans mon cabinet, lorsque j'en sors je trouve ma femme qui s'impatiente déjà de ma longue absence, et nous causons encore quelques momens pour nous dédommager de l'ennui que nous a occasioné la visite. Enfin nous sortons; mais nous faisons comme les écoliers, nous prenons le chemin le plus long; et il est presque l'heure de dîner quand nous arrivons chez ma belle-mère. Depuis que nous sommes mariés, nous avons été deux fois au spectacle : nous aimons mieux cela que d'aller en soirée. Au spectacle on est encore en tête-à-tête, on peut y causer lorsque la pièce ennuie, et dans le monde on n'est pas maître de faire tout ce qui plaît. Enfin, nous rentrons de bonne heure, et nous sommes toujours contens de rentrer chez nous. Mais, je le répète, tout cela passe comme l'éclair.

Ma femme a trouvé mon logement fort à son goût; elle me dit que cela lui fait plaisir d'être où j'habitais étant garçon. Souvent elle me questionne sur cette époque de ma vie; elle m'écoute avec intérêt, avec curiosité : mais je ne lui dis pas tout. Je glisse sur bien des épisodes; je me suis aperçu qu'Eugénie est jalouse. Son front se rembrunit lorsqu'il y a des femmes dans mes aventures, et souvent alors elle m'interrompt en me disant avec humeur : « Assez... » tais-toi... je ne veux pas en savoir » davantage! » Je l'embrasse en lui disant: « Ma chère amie, je ne te connaissais

» pas alors. » Mais, malgré mes caresses, l'humeur est toujours quelques minutes à se dissiper.

Il faut pourtant que nous fassions autre chose que causer et nous embrasser ; Eugénie doit m'apprendre le piano; moi, je dois lui donner des leçons de peinture. Mais avant tout je commence son portrait. Voilà une occupation qui nous prend encore un temps infini, car nous sommes souvent distraits; en regardant mon modèle qui fixe sur moi ses beaux yeux, qui me sourit avec tendresse, comment résister toujours au désir de l'embrasser? On me fait une petite moue si gentille quand je suis long-temps sans quitter mes pinceaux... Alors je me lève et je cours serrer mon modèle dans mes bras. Cela me fait penser qu'il faut que les peintres aient bien de la vertu pour résister aux tentations qu'ils doivent éprouver lorsqu'ils font le portrait d'une jeune et jolie femme. Une femme que nous sommes en train de peindre nous regarde comme nous le désirons; nous demandons un regard, un sourire bien doux, et on s'applique à nous le faire aussi gracieux, aussi tendre que possible, parce que l'on veut être bien séduisante en peinture. Moi, je n'ai jamais eu la peine de résister à mes désirs puisque je n'ai peint que mes maîtresses, mais quand il faut examiner, détailler mille charmes et rester tranquille près de son pupitre... ah! je le répète, il faut beaucoup de sagesse, et pourtant ce n'est pas la vertu favorite des peintres.

Malgré nos distractions, je travaille avec ardeur au portrait de ma femme; en dix séances, il est achevé et je suis enchanté de mon ouvrage; Eugénie est frappante. Elle-même fait un cri de surprise en se voyant : elle craint pourtant que je ne l'aie flattée. Non; je l'ai peinte, à la vérité, non pas telle qu'elle est dans le monde lorsqu'elle regarde chacun avec indifférence, mais telle qu'elle me regardait pendant que je faisais son portrait : avec des yeux remplis d'amour. Il me semble que j'ai tout aussi bien fait de choisir cette expression : car c'est pour moi, et non pour les autres, que j'ai fait son portrait.

Maintenant il faut que je fasse le mien; Eugénie l'exige. Ce sera beaucoup moins amusant. Je crains que ce ne soit long; je me suis déjà donné plusieurs séances, et il me semble que cela ne vient pas bien. Eugénie n'est pas contente; elle me dit : « Tu te fais un air boudeur, un air

» sérieux... Ce n'est pas ainsi que tu me
» regardes. — Ma chère amie, c'est que
» cela m'ennuie de me regarder. — Ah!..
» attends, je conçois un moyen... pour
» que tes traits aient l'expression qui me
» plaît, je vais m'asseoir à côté de toi,
» alors, en regardant dans la glace, tu
» me verras aussi... et j'espère, Monsieur,
» que vous ne me ferez pas la mine. »

Je trouve l'idée d'Eugénie charmante. Grâce à son invention, je ne m'ennuie plus en prenant séance ; car elle est là, à côté de moi, et en regardant dans la glace c'est toujours elle que je vois d'abord : mon portrait y gagne étonnamment. Je puis me peindre tel qu'elle le désire, et elle en est aussi contente que je l'ai été du sien.

J'ai fait mettre son portrait dans un souvenir que j'ai toujours sur moi; elle fait mettre le mien sur un bracelet qu'elle veut avoir sans cesse à son bras. Nous ne nous contentons pas de nous avoir en réalité, il nous faut encore nos images; si nous pouvions nous posséder d'une autre façon, nous le voudrions aussi. Mais est-ce un mal de trop s'aimer?... sa mère et la mienne prétendent que nous ne sommes pas raisonnables, que nous sommes pis que des amans; Eugénie et moi nous voulons toujours rester de même : nous nous trouvons très-bien ainsi.

Ma femme me fait commencer le piano; moi, je lui montre à se servir d'un pinceau. Ces leçons nous semblent délicieuses, elles nous prennent une grande partie de la journée. Je sens bien cependant que le piano et la peinture ne me feront pas remarquer au barreau.

Depuis mon mariage je néglige le Palais, je ne m'occupe presque pas d'affaire. Mais lorsque je veux étudier, m'enfermer dans mon cabinet, Eugénie me retient en me disant : « A quoi bon te
» donner de la peine... te casser la tête
» sur ton Code... tes Pandectes !... ne
» sommes-nous pas assez riches? ne som-
» mes-nous pas heureux ?... Qu'est-il be-
» soin que tu plaides... que tu te tour-
» mentes pour les autres ! reste avec
» moi... donne-moi une leçon de pein-
» ture... et ne va pas au Palais. »

Je ne sais pas résister à ma femme. Ma mère me gronde quelquefois sur ce qu'elle appelle ma paresse. L'amour n'est point de la paresse, mais l'amour heureux ne nous rend plus bon qu'à faire l'amour.

Trois mois se sont écoulés presque

aussi vite que les premiers quinze jours de notre hymen. Mais je sais jouer *On dit qu'à quinze ans* sur le piano, et Eugénie fait des progrès rapides dans la peinture. Un nouveau sujet de joie augmente notre bonheur : ma femme est enceinte. Nous sautons, nous dansons dans notre chambre en pensant que nous aurons un enfant. Nous ne parlons plus que de cela, nous ne faisons plus un projet pour l'avenir sans y mêler notre fils ou notre fille. La bonne madame Dumeillan partage notre joie ; ma mère me fait son compliment, mais sans enthousiasme, et comme s'il s'agissait d'une chose toute simple : il me semble que cela devrait faire événement dans le monde.

Nous allons assez rarement en société, et nous n'avons été qu'à deux bals depuis que nous sommes mariés. Mais un matin nous recevons la lettre de faire part et d'invitation pour la noce de M. Ferdinand de Bélan avec mademoiselle Armide de Beausire. Eugénie n'est point encore assez avancée dans sa grossesse pour craindre que la danse lui fasse du mal; d'ailleurs elle me promet de n'en prendre que modérément : nous irons donc à la noce de M. de Bélan, où j'ai dans l'idée qu'il y aura de quoi s'amuser. Ma femme le pense aussi. Bélan est venu nous voir deux fois depuis que nous sommes mariés, et Eugénie trouve que c'est un petit être fort risible par son babil et ses prétentions. Quant à la famille de Beausire, le peu que j'en ai vu m'a paru curieux.

La lettre d'invitation porte, par un supplément olographe, que l'on compte aussi sur nous pour le déjeuner. C'est un plaisir dont nous voulons nous priver. Nous nous défions des déjeuners de noces, c'est amusant comme un concert d'amateurs ou une lecture en société; nous sommes résolus à n'aller qu'au bal, lorsque Bélan lui-même se présente chez nous.

Le petit-maître salue ma femme jusqu'à terre, ce qui ne lui est pas difficile; puis il vient me serrer la main en nous disant, d'un air triomphant :

« Vous avez reçu nos invitations? —
» Oui, mon cher ami. Nous vous faisons
» d'abord notre compliment. — Je le re-
» çois avec plaisir... Il est certain que
» je puis être flatté de la préférence que
» l'on m'accorde. J'avais dix-sept rivaux,
» dont trois millionnaires qui ont des
» forges, des usines, des mines de houil-

» les, et deux marquis, dont l'un a six
» croix : mais j'ai passé par dessus tout
» cela : et, comme César : *Veni, vidi,*
» *vinci.* Ha çà, nous comptons sur vous?
» — Oui; oh! nous serons à votre bal.
» — Et au déjeuner? — Ah! pour le
» déjeuner, nous ne pouvons pas trop
» promettre... — Oh! pardonnez-moi...
» J'exige votre promesse... Ce serait af-
» freux de nous manquer... Nous n'a-
» vons pour le matin qu'un certain
» nombre de personnes... mais d'un
» choix exquis. Deux oncles de ma
» femme... trois cousins, cinq tantes...
» toutes femmes dans le genre de ma
» belle-mère... Oh Dieu! ma belle-mère...
» elle ne fait que pleurer depuis que
» l'époque de l'hymen est arrêtée... elle
» trempe au moins quatre mouchoirs
» par jour... elle ne perd plus sa fille de

» vue... Ça me gêne un peu pour mes
» expansions de sentiment, mais j'aurai
» mon temps. Enfin, il faut que vous
» soyez de toute ma fête. Madame, c'est
» vous que je supplie; Henri ne vous
» résistera pas. »

Eugénie n'ose pas refuser; elle me regarde, et nous promettons. Bélan baise la main de ma femme en la remerciant; puis il me demande deux minutes dans mon cabinet.

« Est-ce que vous avez quelques pro-
» cès? » dis-je à Bélan quand nous sommes seuls. — « Non... Cependant je veux
» vous consulter. Vous qui venez de
» vous marier avec une femme que vous
» adoriez, vous pourrez me dire... —
» Quoi? — Je ne sais comment vous ex-
» pliquer cela... Vous savez que j'étais,
» ainsi que vous, un séducteur, un

» homme à conquête, jamais embar-
» rassé dans un tête-à-tête... Je m'y con-
» duisais comme la poudre. — Eh bien?
» — Eh bien!... c'est singulier... près de
» mademoiselle de Beausire... que j'a-
» dore cependant... ça me produit un
» effet tout différent... Il me semble que
» je n'oserai pas lui pincer le bout du
» doigt... Enfin je ne me sens pas la plus
» petite disposition à être entreprenant...
» Je vous avoue que cela me tour-
» mente... cela m'inquiète... je n'en dors
» pas de la nuit; et plus le jour de ma
» noce approche, plus je sens mes
» craintes redoubler...

» — Ah! ah! ce pauvre Bélan... Allons!
» calmez-vous : l'amour véritable, l'a-
» mour trop vif produit quelquefois
» l'effet que vous ressentez... mais cela ne
» dure pas... Et d'ailleurs, avec votre fem-

» me, qu'avez-vous à craindre? vous êtes
» bien sûr qu'elle ne vous échappera pas.
» Ce n'est plus comme une maîtresse,
» qui souvent n'accorde pas un second
» rendez-vous lorsqu'elle est mécon-
» tente du premier. Avec sa femme ce
» qui n'arrive pas la première nuit arri-
» verait la seconde. — C'est juste... Ça
» pourrait même n'arriver que la hui-
» tième... Vous me calmez un peu l'es-
» prit... C'est que mademoiselle de Beau-
» sire... une demoiselle si bien élevée...
» cela n'est plus comme une grisette...
» Ah! ça va tout seul avec une grisette...
» Et puis la belle-mère qui est toujours
» là... — Je pense qu'elle ne sera pas là
» pendant la nuit de vos noces.—Ma foi!
» je n'en répondrais pas... Elle ne fait que
» dire qu'elle ne se séparera pas de sa fille..
» qu'elle ne peut pas dormir loin d'elle...

» Je crois qu'elle veut coucher dans un
» cabinet qui touche à notre alcôve. —
» Ce sera bien amusant pour vous. —
» C'est tout cela qui me trotte dans la
» tête et qui m'ôte de mon brûlant na-
» turel. C'est égal : d'ici à mon mariage
» je mangerai tout à la vanille... j'en
» ferai mettre jusque dans mes bouil-
» lons. Adieu, mon cher Blémont. Nous
» comptons sur vous. Votre noce était
» fort belle, mais vous verrez la mienne...
» Je ne vous dis que ça... »

Bélan est parti. Nous voilà forcés d'être du déjeuner : nous avons promis; mais cela sera peut-être plus amusant que nous ne le croyons. D'ailleurs, il y a des réunions qui sont comiques à force d'être ennuyeuses. Il ne s'agit que de prendre les choses du bon côté : on assure qu'il y en a un dans tout.

Eugénie s'occupe de ses toilettes, car il lui en faudra deux pour ce jour-là. Moi je lui recommande de ne point trop se serrer dans ses robes, dans son corset; on devine pourquoi. Il faut penser à être mère avant de chercher à être mince : c'est ce que les dames oublient trop souvent.

Le grand jour est venu pour Bélan. Un remise vient nous chercher; le cocher et le jockey qui est derrière la voiture ont une livrée abricot. J'avoue que voilà qui passe déjà ma noce : attendons-nous à voir des choses superbes. Le rendez-vous est chez madame de Beausire, où je ne suis jamais allé : c'est une vieille maison de la rue de la Roquette. Nous passons devant un vieux portier; nous montons un vieil escalier sur lequel on a jeté des feuilles de rose avec profusion. Je gage que c'est une invention de Bélan. Je ne la trouve pas très-heureuse, car cela a manqué faire tomber ma femme, que j'ai retenue à temps, et qui me dit en riant : « Mon » ami, nous nous sommes mariés sans » feuilles de roses... — Oui, ma chère » amie ; c'était moins romantique, mais » on ne glissait pas. »

Nous entrons au premier, dans un appartement d'une hauteur effrayante. C'est tout au plus si je puis distinguer les moulures du plafond. Nous sommes annoncés par un vieux laquais, qui a aussi l'air d'avoir pleuré : c'est peut-être l'habitude de la maison. Nous pénétrons dans un immense salon, où Bélan, qui fait les honneurs, a l'air d'un nain au milieu de Patagons. Nous voyons une série de vieilles figures : c'est une continuation de la tapisserie dont madame de Beausire m'a donné un échantillon. Les hommes sont sérieux, prétentieux, sentencieux ; les femmes pincées, guindées et fardées. Il y a bien quelques personnes de notre genre, mais elles sont en petit nombre. Je présume que Bélan n'aura pas eu la permission d'inviter beaucoup de ses connaissances. Ce pauvre garçon ne me semble pas à son aise au milieu de la famille des Beausire ; il n'ose pas être gai ; il craint d'être triste ; il tourne autour de ses nouveaux parens, qui ne causent point, de crainte de compromettre leur dignité.

C'est avec joie que le marié nous voit arriver. Il se trouve plus à l'aise avec nous. « Vous allez voir ma femme, » nous dit-il ; « elle est dans ce moment avec sa » mère... qui achève, en pleurant, sa toi-

» lette... — Comment! votre belle-mère
» pleure toujours? — Oui, mon ami :
» c'est un véritable ruisseau que cette
» femme-là. — Et quel motif? — Le cha-
» grin de se séparer de sa fille. Et pour-
» tant elle ne s'en sépare pas, puisqu'elle
» veut coucher dans la même chambre
» que nous. — Dans la même chambre?
» Ah! ah! c'est un peu fort. — Je vous
» jure que c'est comme cela. Je crois
» même qu'elle espérait que je ne cou-
» cherais pas avec ma femme; mais, ma
» foi! malgré tout mon respect pour
» madame de Beausire, je n'ai pas cédé
» là dessus; et je crois qu'Armide m'en
» a su gré... Mais voici ces dames. »

La mariée entre, conduite d'un côté
par une vieille tante qui a un nez en
limace, et de l'autre par sa mère, qui,
avec sa grande taille maigre, ses yeux

rouges et son teint blême, a vraiment l'air d'un spectre.

Aux soupirs que poussent ces dames, il semblerait que c'est *Iphigénie* que l'on va sacrifier. Les parens s'avancent et font des complimens dans le goût de leur tournure. Au milieu de tout cela, le marié est celui dont on s'occupe le moins. Quand il s'adresse à sa femme, elle ne lui répond pas; quand il va vers sa belle-mère, elle prend son mouchoir et lui tourne le dos; et, s'il se faufile parmi les parens, ceux-ci n'ont pas l'air de faire attention à lui.

On part pour l'église. Chacun prend la main d'une dame : moi, je prends celle de ma femme; je ne vois pas pourquoi je m'en priverais pour ces gens-là. On descend l'escalier en ordre de cérémonie; Bélan à la tête, donnant la main à sa belle-mère. Les feuilles de roses font un effet merveilleux. « C'est char-» mant ! » dit une vieille tante ; « c'est » comme à une procession !

» — C'est de moi ! » crie Bélan ; « c'est » une idée qui m'est venue cette nuit en » pensant à mon hymen. Et je suis char-» mé que... »

Bélan en est là de son discours, lorsqu'un grand cousin, qui donnait la main à la mariée, glisse deux marches et tombe sur son postérieur en entraînant la belle Armide sur lui.

Des cris partent de tous côtés. Grâce au ciel, Armide est tombée décemment, et n'a rien montré à la société ; ce qui eût été fort désagréable pour le marié, qui espère être le premier à voir cela, et ce qui sans doute aurait fait pousser des sanglots à sa belle-mère.

On a vivement relevé la mariée. Le grand-cousin se relève tout seul en poussant un juron assez roturier et en disant : « Que la peste étouffe les feuil- » les de roses ! il faut être bien bête pour » jeter de cela sur un escalier !..... j'ai le » *scrotum* affecté... »

Bélan est resté tout interdit, il est confus de l'accident produit par son invention.

« M. de Bélan, il faudra faire balayer » tout cela, » dit la belle-mère ; et le marié répond en s'inclinant : « Oui, ma » belle-mère de Beausire... J'y veillerai. »

C'est dans une petite église du Marais que l'on unit nos époux. Il ne s'y passe rien d'extraordinaire, si ce n'est que la belle-mère y trempe deux mouchoirs, et que Bélan fait des grimaces horribles pour tâcher de pleurer aussi, sans pouvoir y parvenir.

J'espérais que le déjeuner se ferait chez le traiteur; mais c'est chez la belle-mère qu'on nous fait retourner. Pour le coup il faut du courage. Nous nous regardons, Eugénie et moi, en jurant, mais un peu tard, qu'on ne nous y prendra plus.

Le marié a pris les devans, sans doute pour faire balayer ses roses. Je suis sûr qu'il les balayerait lui-même plutôt que de s'exposer à la colère de sa belle-mère.

Un grand couvert est dressé dans l'immense salle à manger. On se place. Je suis entre la vieille tante qui a le nez en limace et le grand cousin qui a fait une si belle glissade sur l'escalier; ma femme est à une lieue de moi, entre deux vieux oncles à manchettes et à perruques à boudins. Comme nous allons nous amuser!

Je m'attendais à voir Giraud et sa femme au déjeuner, car Giraud dit partout que c'est lui qui a fait le mariage de Bélan. Mais probablement la belle-mère ne les aura pas trouvés dignes de cet honneur, et nous ne les verrons que ce soir.

La mariée a les yeux baissés et ne mange pas. La belle-mère regarde sa fille, s'essuie les yeux, et ne semble pas s'apercevoir qu'il y a du monde là. On est deux minutes assis à table sans toucher à rien, personne n'ayant reçu la mission de servir; Bélan, ne sachant pas s'il doit faire les honneurs, regarde tour à tour sa femme et sa belle-mère, et dit en balbutiant : « Qui est-ce qui

» sert?... Madame de Beausire désire-
» t-elle que je serve? » Et madame de
Beausire ne répond qu'en se mouchant
et en soupirant.

Je regarde ma femme. Il me prend une
envie de rire si forte que je jette à terre
mon couteau et ma fourchette, afin de
pouvoir la satisfaire un peu, en cher-
chant sous la table. Il vaut mieux passer
pour gauche que pour impoli.

Enfin un vieil oncle, qui n'est pas
venu à la noce pour se contenter de regarder les plats, ce qui serait cependant
plus noble que de les manger, attire à
lui un immense pâté et donne le signal
de l'attaque. On se décide à déjeuner,
nonobstant les soupirs de madame de
Beausire; mais on le fait avec ce déco-
rum, cette gravité qui n'est troublée que

par le bruit des assiettes et des fourchettes.

Lorsque le premier appétit est calmé, quelques-uns des oncles et des cousins veulent bien nous débiter des phrases à prétention, en s'arrêtant sur chaque mot qu'ils prononcent, comme s'ils jugeaient cela nécessaire pour que nous les comprenions. Bélan dit par-ci par-là quelque chose, mais cela n'est pas remarqué. Je m'aperçois qu'il cherche à amener la conversation sur les vers de circonstance. Je gagerais qu'il en a fait ou fait faire, et qu'il ne sait comment les débiter. Quand il arrive à son sujet, un oncle ou une tante lui coupe la parole en parlant d'autre chose. J'ai pitié de lui et je lui dis : « Mon cher Bélan, est-ce que » l'on a fait des vers pour votre mariage ? » — Oui.... c'est justement cela.... c'est

» moi qui ai ébauché quelque chose en
» l'honneur de cette journée ; et si vous
» le permettez, je vais...

» — Comment ! M. de Bélan, est-ce que
» vous allez chanter ? » s'écrie madame
de Beausire en jetant sur son gendre des
regards presque menaçans. « Fi donc,
» monsieur ! dans quel monde avez-vous
» été où l'on chante à table ?

» — Ma belle-mère, je n'ai jamais eu
» l'intention de chanter, je n'en ai même
» pas l'envie... Ce sont des vers que je
» voulais vous réciter... et des vers qui
» ne ressemblent nullement à une chan-
» son...

» —Des vers pour un mariage !.. Il faut
» laisser cela à l'Almanach des Muses, »
dit le grand cousin assis près de moi, et
qui a conservé de la rancune contre le
marié depuis sa chute sur l'escalier.

Au même moment madame de Beausire pousse un cri, » en disant : « Tu as pâli, Armide ?... Tu te trouves mal, ma fille ?... »

Je ne me suis pas aperçu que la mariée ait changé de couleur. Mais comme sa mère lui dit cela, peut-être Armide juge-t-elle convenable de ne pas se trouver bien. Elle passe sa main sur ses yeux en balbutiant : « Oui... j'ai là... » quelque chose... »

Sa mère ne la laisse pas achever... Elle se lève en s'écriant : « Ah ! mon » Dieu !... ah ! mon Dieu !... Armide se » meurt !.. Transportons-la sur son lit. » Aussitôt il s'opère un mouvement général. La tante qui est à mon côté me donne un coup de coude dans le nez pour se lever plus vite et aller soutenir sa nièce, qui pense alors qu'elle doit se trouver mal tout-à-fait. Pendant qu'on transporte Armide chez elle, et que Bélan tourne et court autour de tout le monde comme un petit fou, je m'approche de ma femme, je lui prends la main et l'emmène vers la porte de sortie en lui disant : « En voilà bien assez pour ce matin. »

Bélan nous rattrape sur l'escalier et nous crie : « Comment ! vous partez déjà ? » Mais ma femme va revenir à elle tout » de suite... Je ne suis pas inquiet de sa » santé... C'est ma belle-mère qui lui » persuade toujours qu'elle va mourir » quand elle n'y songe pas... — Nous » avons à faire. — A ce soir toujours. » — Le bal n'est pas chez votre belle- » mère ? — Non ; chez Lointier... Ce sera » magnifique. — Nous y serons. »

Avec quel plaisir nous nous retrouvons seuls, Eugénie et moi! Nous avons de quoi rire en passant en revue les originaux que nous venons de voir; et quoique ma femme ne soit pas méchante, elle saisit fort bien les ridicules de la société.

Nous avons promis d'être au bal; il faut nous y rendre. D'ailleurs, il est impossible que cela soit aussi triste que le déjeuner; et puis le bal a lieu dans les mêmes salons où le nôtre s'est donné, et nous ne serons pas fâchés de les revoir.

Nous allons tard, parce que nous voulons trouver la danse bien établie; mais nous voyons avec surprise des salons presque déserts, et deux quadrilles bien maigres où l'on danse fort à l'aise. Il est pourtant onze heures sonnées.

Bélan vient à nous. Il a la mine lon-

gue d'une aune ; il me dit en nous abordant : « C'est très-contrariant : ma belle-
» mère ne m'a pas permis d'inviter plus
» de trente personnes, en me disant que
» ce serait bien assez de monde avec sa
» famille et ses connaissances... et vous
» voyez... il y a des vides... Je sais bien
» que la réunion est choisie... mais un
» peu plus de monde ne ferait pas mal.
» — Cela fait, mon cher Bélan, que
» l'on dansera plus à l'aise. — C'est vrai,
» au fait... les danseurs y gagneront. —
» Et madame n'est plus indisposée ? —
» Non... cela n'a pas eu de suite... Mais
» maintenant c'est ma belle-mère qui a
» des suffocations... Regardez donc ses
» yeux... c'est un vrai lapin... Elle me
» fait de la peine... elle pleure parce que
» ma femme ne manque pas une con-
» tredanse ; elle prétend qu'on lui tuera

» sa fille... Dieu! quelle sensibilité! —
» Mais je n'aperçois pas la famille Gi-
» raud à votre bal, cela me surprend;
» car certainement vous l'avez invitée?
» — Mon Dieu! mon cher Blémont...
» ne me parlez pas de cela... J'ai été dé-
» solé... mais ma belle-mère a prétendu
» que les Giraud avaient des manières
» qui ne cadraient pas avec sa famille...
» elle n'a pas voulu que je les invitasse.
» — Madame de Beausire allait chez eux,
» il me semble? — Oui; mais depuis que
» la petite Giraud lui a tiré la langue,
» elle a juré qu'elle n'y remettrait plus
» les pieds. — Je croyais que Giraud s'é-
» tait occupé de votre mariage? — Oui,
» il a mis la chose en train... — Et vous
» ne l'avez pas invité? Il ne vous le par-
» donnera de sa vie. — Que voulez-
» vous?... Ma belle-mère... Mais pardon,

» je crois qu'elle me fait un signe. »

Nous laissons là Bélan, et je fais danser mon Eugénie. Nous sommes heureux de danser ensemble, de nous retrouver dans ces lieux qui ont vu notre hymen. Nos regards expriment le contentement et l'amour. A coup sûr, c'est nous, bien plus que tous les autres, qui avons l'air d'être à la noce.

Danser est ce qu'on peut faire de mieux dans un bal où l'on ne connaît personne. Tous ces Beausire qui se promènent gravement autour des quadrilles, et ces vieilles tantes qui font tapisserie, semblent presque mécontens de voir des personnes qui ont l'air de s'amuser. Je suis sûr qu'ils nous trouvent mauvais ton.

Eugénie me propose de partir avant le souper; mais je veux rester, parce que je m'attends à quelque chose d'amusant pour le dénouement de la fête. Le souper ne se sert pas comme le mien. Les dames, seules, sont assises, et il faut que les hommes restent debout derrière. Madame de Beausire l'a voulu ainsi, parce que c'est beaucoup moins gai que lorsqu'on forme de petites tables.

Le repas dure fort peu de temps. Madame de Beausire donne le signal en se levant; il faut bien que les autres dames en fassent autant. J'entends une vieille parente murmurer en se levant : « C'est
» ridicule, je n'ai pas eu le temps de
» finir mon aile de volaille. » Plus le moment fatal approche, plus les yeux de madame de Beausire s'emplissent de larmes. Enfin lorsque, la danse tirant à sa fin, Bélan s'approche de son Armide et

lui propose de partir, madame de Beausire vient se précipiter entre eux en sanglotant, et elle enlace sa fille de ses bras en s'écriant : « Vous ne m'en sépa-
» rerez pas, monsieur ! »

Bélan reste comme pétrifié devant sa belle-mère. Les parens viennent les entourer, et j'entends les oncles et les cousins dire entre eux : « Ce petit marié
» se conduit d'une façon bien indé-
» cente!.. Ça me fait mal, de le voir en-
» trer dans notre famille. »

Cependant les tantes, les vieilles filles ont entraîné madame de Beausire, qui part avec sa fille, tandis que Bélan reste là. Il nous aperçoit et vient nous dire adieu, en balbutiant : « J'ai laissé aller
» devant ma femme et sa mère... parce
» que... vous savez?.. on couche la ma-
» riée; et au fait je ne dois pas être là.

» — Mon cher Bélan, je crains que ma-
» dame de Beausire ne vous fasse encore
» quelque scène cette nuit. — Oh !...
» non... D'ailleurs... s'il le faut... je me
» montrerai. »

Nous partons, et nous nous disons en revenant, Eugénie et moi, qu'un homme est toujours bien sot d'entrer dans une famille qui croit lui faire beaucoup d'honneur en s'alliant avec lui. Si le hasard l'a fait naître dans une classe inférieure, il faut que par son esprit ou son caractère il se montre supérieur à ceux qui voudraient l'humilier.

CHAPITRE IV.

UNE QUERELLE. — PREMIÈRE CONTRARIÉTÉ.

Peu de jours après la noce de Bélan, nous recevons la visite de M. et madame Giraud. Je devine ce qui les amène, et en effet ils ne sont pas encore assis que déjà Giraud s'écrie : « Vous avez dû être

» bien étonnés de ne pas nous voir à la
» noce du petit Bélan... — C'est-à-dire, »
reprend madame Giraud, « que c'est
» une chose qui a frappé tout le monde!..
» C'est une grossièreté si forte ! si extra-
» ordinaire !.. Comment ! c'est chez nous
» qu'il se sont connus, et c'est Giraud
» qui a fait les premières démarches,
» qui a sondé madame de Beausire, qui a
» fait l'énumération des biens et des qua-
» lités du jeune homme : et on ne nous
» engage ni au déjeuner ni même au bal!..
» c'est une indignité ! — C'est-à-dire que
» c'est indécent, » s'écrie Giraud ; « et si
» ma femme ne m'avait pas retenu, j'en
» aurais demandé raison à ce petit im-
» pertinent de Bélan !.. — Non, non : on
» aurait cru que nous tenions à une
» noce... et, Dieu merci ! nous en avons
» plus que nous ne voulons. Au reste,

» on dit que celle-là était bien triste,
» bien ennuyeuse!

» — Mais cela n'était pas très-gai, » dit
Eugénie. — « Ah! c'est la vôtre qui était
» jolie, ma chère madame Blémont, et
» ordonnée avec un goût, une profu-
» sion... J'avoue que j'y ai mangé treize
» glaces... Il passait à chaque minute des
» plateaux devant moi, et je me laissais
» aller. — Oui, c'était une noce déli-
» cieuse, » dit Giraud; « mais à celle de
» Bélan, on m'a dit qu'il n'y avait pas de
» quoi faire deux quadrilles à douze,
» et que c'était presque toutes figures
» hétéroclites du siècle dernier... Et la
» vieille Beausire, qui n'a fait que pleu-
» rer... Et la nuit... vous savez ce qui est
» arrivé? — Non, nous ne savons pas.
» — Moi, je sais tout, parce que j'ai une
» bonne qui a servi dans la maison où

» logent les Beausire, et qui y a conservé
» des relations. Eh bien! la nuit, la belle-
» mère ne voulait pas quitter sa fille.
» Quand le mari est arrivé, madame de
» Beausire a poussé des sanglots qui ont
» réveillé les voisins. Bélan s'est fâché;
» on lui a fait une scène; bref, de co-
» lère, il a été coucher dans un petit ca-
» binet où l'on met le charbon, et le
» matin il en est sorti comme un fame-
» ron. Pauvre garçon! s'il n'y prend pas
» garde, ces deux femmes-là l'enferme-
» ront dans une chaufferette, et lui don-
» ront à manger par les trous quand il
» sera bien sage. — Ah! ah! ah! c'est
» trop drôle!» dit madame Giraud. «Au
» reste, je ne lui donne pas un an pour
» être... suffit... et à coup sûr il l'aura bien
» mérité...»

Monsieur et madame Giraud prennent

congé de nous, en nous renouvelant l'assurance de leur amitié, et ils vont probablement faire une tournée pour le même motif chez toutes leurs connaissances.

En avançant dans sa grossesse, ma femme s'occupe de mille petits soins qui lui font nécessairement négliger la musique et la peinture. Et puis, sa santé est souvent altérée; elle a besoin de repos : il s'ensuit que j'ai beaucoup plus de temps pour travailler dans mon cabinet. D'ailleurs, le titre de père, que je vais avoir bientôt, me fait penser plus raisonnablement qu'il y a quelques mois. Si notre fortune était suffisante pour Eugénie et moi, elle ne le sera plus, s'il nous vient plusieurs enfans, et pour eux je dois songer à l'augmenter.

Bélan nous a fait sa visite de noce avec

sa femme, qui n'est ni moins raide ni moins guindée depuis qu'elle est mariée. Je trouve que le nouveau mari a maintenant les yeux aussi rouges que sa belle-mère. Peut-être que, pour plaire à madame de Beausire, il pleure aussi quelquefois. Il est tellement aux petits soins, tellement prévenant près de son Armide, et il fait tout cela avec une telle humilité, qu'il a l'air d'être le domestique de sa femme.

Nous leur avons rendu la visite d'usage, et nous n'y sommes pas retournés : nous nous souvenons de leur déjeuner.

Depuis que je me suis remis aux affaires, que je m'occupe de mon état, ma mère dit que nous sommes devenus raisonnables, et que j'ai maintenant l'air d'un homme marié. Je ne sais pas quel air j'ai; mais je trouve que nous devenons beaucoup trop sages, Eugénie et moi; nous ne jouons plus, nous ne faisons plus de folies, comme dans les commencemens de notre mariage; c'est son état qui en est cause : aussi il me tarde que cela soit fini.

Ce moment désiré arrive. Eugénie me rend père d'une fille, que je trouve fort gentille. Ma femme a un moment de chagrin; elle désirait un garçon, elle était persuadée qu'elle aurait un garçon. Moi, j'aime autant une fille; d'ailleurs, nous n'en resterons pas là. Je console Eugénie. Elle voulait nourrir, mais le médecin a déclaré qu'elle n'était pas assez forte pour cela. Ma fille, que sa marraine, madame Dumeillan, a nommée Henriette, est remise à une bonne grosse nourrice, qui ne demeure qu'à trois lieues de Paris; et nous irons la voir souvent.

La santé de ma femme se rétablit assez vite, cependant il lui reste des inégalités d'humeur, des caprices : ce qu'elle avait décidé de faire le matin n'est plus ce qui lui plaît le soir. Je suis extrêmement complaisant, mais j'aime assez que l'on fasse ce qu'on a projeté, et non pas que l'on soit comme une girouette. Ma femme veut aller promener; et, lorsque je vais la chercher pour cela, elle change d'avis parce qu'il faudrait s'habiller; alors je retourne en riant dans mon cabinet : « Si tu te décides, » lui dis-je, « c'est toi maintenant qui viendras me chercher. »

En passant un jour dans la rue du Temple, je m'entends appeler... C'est Ernest qui est derrière moi. Je le revois avec grand plaisir, et nous nous serrons la main de bon cœur.

« C'est vous, mon cher Ernest?... Eh,
» mon Dieu! qu'il y a long-temps que
» nous ne nous sommes vus! — Oui, il
» y a plus d'un an... Je pense que vous
» êtes marié maintenant; car vous étiez
» au moment d'épouser votre chère Eu-
» génie, la dernière fois que je vous ai
» vu. — Oui, je suis marié, et je suis
» père; vous voyez que je ne perds pas
» de temps. — C'est très-bien. Demeurez-
» vous toujours dans votre même loge-
» gement? — Toujours. Ma femme s'y
» plaît beaucoup. Et vous? — Nous?
» nous demeurons dans cette rue... à
» deux pas d'ici... Je vous avais donné
» notre adresse; vous aviez promis de
» venir nous voir... mais vous avez ou-
» blié vos voisins de la mansarde. — Je

» m'avoue coupable!... le changement
» qui s'est opéré dans ma situation me
» rend excusable. — Pour qu'on vous
» excuse tout-à-fait, vous allez monter
» dire bonjour à ma femme... Je dis ma
» femme..... quoique nous ne soyons
» pas mariés : mais pour des portiers,
» pour des étrangers, il faut bien dire
» ma femme : c'est un sacrifice aux con-
» venances. Après tout, quelle différence
» y a-t-il entre nous et des gens mariés?...
» Rien qu'une signature sur un gros re-
» gistre!... et ce n'est point cette signa-
» ture, le serment, et tous les engage-
» mens pris devant les hommes, qui font
» que l'on se conduit mieux. — Je suis
» tout-à-fait de votre avis. — Du reste,
» nous sommes bien heureux ; nous
» sommes toujours amans, et nous nous
» moquons des mauvaises langues. —

» Vous avez bien raison, mon cher Er-
» nest : il faut vivre pour soi, et non
» pour les autres. — Maintenant je fais
» bien mes affaires, j'envoie mes parens
» promener, je ne dois rien à personne,
» et je suis content comme un roi...
» c'est-à-dire plus qu'un roi. Mais venez
» donc! Marguerite sera bien aise de
» vous voir : nous parlions souvent de
» vous. »

Je suis Ernest. Il me fait entrer dans une assez jolie maison; nous montons trois étages; il sonne, et mon ancienne voisine vient nous ouvrir. Elle pousse un cri de surprise en me voyant.

« Ah! c'est M. Blémont! quel mira-
» cle!... — Parbleu! s'il vient, ma chère
» amie, c'est parce que je l'ai rencontré
» et amené de force; sans quoi tu ne le
» verrais pas encore. — Ah! que c'est

» vilain d'oublier ses bons amis, ses voi-
» sins!... — Madame... mon Dieu!... c'est
» vrai que... — Ah! ah! il s'embrouille...
» il est honteux de ses torts, » dit Ernest
en riant... « Il faut être généreux, et ne
» plus lui en parler. »

On me fait entrer dans une chambre à coucher qui fait salon : cela n'est pas élégant, mais il y a tout ce qu'il faut, et il règne en ces lieux un air d'ordre, une propreté qui fait honneur à la maîtresse de la maison.

Madame Ernest (car je ne dois plus l'appeler autrement) a pris un peu d'embonpoint; elle est charmante; et ses yeux, tous ses traits, expriment un contentement, un bonheur qui l'embellit encore. On me fait asseoir; nous causons de nos anciennes soirées passées ensemble dans la mansarde. « Vous êtes

» marié avec votre Eugénie ? » me dit madame Ernest. — « Oui, madame... de-
» puis treize mois. — Vous devez être
» bien heureux ! car vous en étiez très-
» amoureux, et elle vous aimait bien
» aussi. — Oui, madame. — Avez-vous
» des enfans ?...

— « Que tu es folle ! dit Ernest ; ne vou-
» drais-tu pas qu'ils en eussent déjà six
» en treize mois ? — Je veux dire un en-
» fant. — Depuis deux mois et demi j'ai
» une petite fille. — Ah ! vous êtes plus
» heureux que nous... Je serais si con-
» tente d'être mère... et depuis ma fausse-
» couche... mais cependant cette fois-ci
» j'espère... »

Et la petite femme regarde Ernest en souriant, et celui-ci sourit aussi en disant :
« Est-ce que l'on parle de cela devant le
» monde ?... — Ah bien ! tant pis !...

» Quel mal donc à espérer d'être mère ?...
» D'ailleurs, monsieur Blémont n'est pas
» du monde ; il est notre ami ; il nous l'a
» prouvé cette nuit où j'étais si malade...
» Ah ! venez donc voir notre logement
» comme il est gentil. »

La petite femme me fait parcourir son appartement, qui se compose de trois pièces avec un petit cabinet; elle s'arrête devant la cheminée de sa chambre en me disant : «Voyez-vous?... nous
» avons une pendule !... — Mais, Margue-
» rite, tais-toi donc ! dit Ernest. — Non,
» non... je veux parler... Est-ce que je
» dois faire la fière avec monsieur Henri,
» qui m'a vue si pauvre, si malheureuse ?
» Je suis sûre que cela lui fait plaisir, de
» nous voir tout cela... — Ah ! vous avez
» raison, madame ; et vous me jugez bien
» en pensant que je suis heureux de votre

PREMIÈRE CONTRARIÉTÉ. 133

» bonheur. — Tu vois que j'ai raison...
» J'ai aussi une femme de ménage qui
» vient le matin faire les gros ouvrages...
» C'est Ernest qui l'a voulu, parce qu'il
» prétend que je ne suis pas forte... —
» Comme c'est intéressant à savoir pour
» monsieur!... — Oui, oui, c'est intéres-
» sant... Il me gronde toujours, parce
» qu'il dit que je ne sais pas les con-
» venances... Dame!... ce n'est pas ma
» faute... moi, il me semble qu'on peut
» bien conter ses affaires à ses amis; je
» suis si heureuse!... »

Et Marguerite se met à sauter dans la chambre, puis elle court prendre Ernest par le cou et elle l'embrasse... Elle est toujours aussi enfant; mais elle n'a pas encore dix-huit ans! Puisse-t-elle conserver long-temps cet heureux caractère!

Le temps passe vite quand on se plaît avec les gens. Je m'aperçois que cinq heures sont sonnées depuis long-temps; et ma femme qui m'attend pour dîner et que je dois mener ce soir voir une pièce nouvelle! Je dis adieu à mes jeunes amis. Je promets de venir les voir, et j'engage Ernest à monter quand il passera devant chez moi.

Il est rare que je ne sois pas rentré bien avant l'instant de se mettre à table, et nous devions aujourd'hui dîner avant cinq heures, pour avoir le temps d'aller au spectacle. Je trouve Eugénie à la fenêtre : elle s'inquiétait, elle s'impatientait.

« D'où viens-tu donc ?... il est près de
» cinq heures et demie... tu ne rentres
» jamais si tard... — Ma chère amie,
» c'est que j'ai fait une rencontre... d'an-

» ciens amis. — Est-ce que des amis
» doivent faire oublier sa femme? — Je
» n'avais pas regardé l'heure... — Et tu
» ne pensais pas à moi, qui t'attendais...
» qui ne savais que penser?.. — Allons!
» viens dîner. — Mais enfin, d'où viens-
» tu? — Je te le dirai en dînant. »

Nous nous mettons à table. Je fais à ma femme le récit de ma liaison avec Ernest et Marguerite. Je suis obligé de prendre mon récit d'un peu haut pour faire connaître comment je suis monté à la mansarde. Eugénie, qui m'écoutait d'abord avec intérêt, devient soucieuse, son front se rembrunit. J'ai fini mon récit, et pendant long-temps elle garde le silence. Je dîne ; mais elle ne mange pas. Elle se tait toujours : cela m'impatiente.

« Pourquoi ne manges-tu pas? — Parce
» que je n'ai pas faim. — Et pourquoi me

» fais-tu la mine?—Moi! je ne fais pas la
» mine.—Tu ne me dis pas un mot... est-
» ce que nous sommes comme cela en-
» semble ordinairement?—C'est que je
» pense... à votre ancienne voisine... à la
» maîtresse de votre ami... que vous al-
» liez voir dans sa mansarde.—J'allais la
» voir quand Ernest y était.—Ah!.. vous
» étiez sûr de le trouver toujours?—
» Oui; car je n'y allais ordinairement
» que le soir, et Ernest y couchait pres-
» que toujours. — Presque!... — Eugé-
» nie, je t'ai dit la vérité : tu aurais bien
» tort de penser autre chose! — C'est
» que vous avez l'air tellement engoué de
» cette petite Marguerite... Vous la trou-
» vez si jolie!... — D'abord je n'ai pas
» dit qu'elle était très-jolie... Quand même
» elle le serait, ce n'est pas cela que j'ad-
» mirais en elle; c'était son amour, sa

» tendresse pour son amant !..... — Oh !
» oui, c'est cela qui vous faisait monter
» sur les toits? — Oui, c'est cela... Pour-
» quoi penses-tu mal de quelqu'un que
» tu ne connais pas?... — Ah ! vous avez
» fait tant de choses étant garçon!... Vous
» avez eu tant de maîtresses!... — C'est
» pour cela que je n'avais pas besoin de
» m'adresser à celle d'un autre, qui d'ail-
» leurs ne m'aurait pas écouté. — Vous
» auriez pu connaître mademoiselle Mar-
» guerite avant qu'elle ne connût son
» M. Ernest, puisqu'elle était votre voi-
» sine... — Si j'avais su que vous pense-
» riez tout cela, certainement je ne vous
» aurais parlé ni d'Ernest ni de sa femme...
» — Sa femme !... ce n'est pas sa femme !
» — C'est à peu près la même chose,
» puisqu'ils demeurent ensemble. —
» Cela fait toujours du drôle de monde...

» et on ne recevra pas cette femme-là
» dans une société honnête!..... — Du
» drôle de monde!... voilà bien les sots
» préjugés!... On ne recevra pas dans ce
» qu'on appelle la bonne société une
» femme qui vit depuis long-temps avec
» le seul homme qu'elle ait jamais aimé;
» qui met tous ses soins, toute sa gloire
» à le rendre heureux; qui ne sort qu'a-
» vec lui, ne se pare que pour lui, ne
» prend aucun plaisir sans lui : mais on
» y accueillera, on y fêtera celle qui ruine
» son mari par de folles dépenses, celle
» qui ne se donne même pas la peine de
» cacher ses galanteries, celle qui ne
» sort qu'avec son sigisbé!... Et tout cela
» parce que ces dames sont mariées!.....
» Cela fait vraiment honneur au bon sens
» du monde. — Mon Dieu! Monsieur,
» comme vous prenez feu! — C'est que

» je ne puis souffrir les injustices, et que
» celle-là se renouvelle souvent dans la
» société. Quant à moi, je vous déclare
» que je me mettrai toujours au dessus
» des préjugés, et que je recevrais très-
» volontiers Ernest et sa femme chez
» moi. — Je vous remercie, monsieur;
» j'espère cependant que cela ne sera
» pas. — Si tu les connaissais, je gage
» que tu ne parlerais pas ainsi. — Je n'ai
» pas envie de faire leur connaissance :
» c'est bien assez que vous soyez l'ami
» intime de mademoiselle Marguerite.
» — Mon Dieu, Eugénie ! que c'est ri-
» dicule ce que tu dis là !... — Et c'est
» dans cette maison qu'elle demeurait?
» — Sans doute. — Je ne m'étonne plus
» si vous tenez tant à votre logement...»

Je jette avec humeur mon couteau et ma fourchette, et je me lève de table et

disant : « Ne parlons plus de cela, car
» vous me feriez aussi prendre de l'hu-
» meur... Êtes-vous prête? voilà l'heure
» d'aller au spectacle. — Je ne veux pas
» y aller. — Et ce matin vous vous en
» faisiez une fête... Quel est ce nouveau
» caprice ? — Ce n'est point un caprice;
» je ne me soucie pas d'aller au spec-
» tacle : je ne veux pas sortir. — Comme
» vous voudrez. J'irai sans vous alors. »

Je prends mon chapeau, et je sors en fermant la porte avec un peu de violence. Il faut bien passer sa mauvaise humeur sur quelque chose.

J'ai vraiment du chagrin. Voilà la première querelle que j'ai avec ma femme. Celle-ci me peine d'autant plus que, certainement, je n'avais aucun tort; et quand on sent qu'on ne mérite ni reproche ni blâme, on en veut doublement à ceux qui nous les ont adressés.

M'entendre dire des injures par Eugénie!... Il y a quelques mois encore, je n'aurai pas cru que cela pût jamais arriver. Avoir du chagrin, être affligé par elle!... Mais c'est la jalousie qui l'égare, qui lui monte la tête... Je cherche moi-même à l'excuser... On tâche de trouver moyen d'excuser ceux qu'on aime; on serait si malheureux si on ne les excusait pas!

Le spectacle m'amuse peu. Il y a pourtant des momens où, tout à la pièce, qui est jolie, je me laisse aller au plaisir qu'elle me donne; mais bientôt le souvenir de ma querelle avec ma femme se présente à ma pensée : c'est comme un poids qui vient se replacer sur ma poitrine... Cela me gêne et m'empêche de me distraire. Je suis un enfant. Après tout, cette discussion a été bien légère;... je ne devais pas penser que deux époux étaient toujours d'accord... Et je le pensais... je le croyais pourtant... Cette querelle, quoique légère, me cause beaucoup de peine, parce qu'elle est la première et qu'elle m'arrache déjà une de mes illusions.

Ma femme est couchée lorsque je rentre. Le lendemain nous ne parlons pas de notre discussion de la veille. Nous ne sommes pas mal ensemble, cependant nous ne sommes pas bien. Eugénie est plus froide, moins causeuse; ce n'est pas ce doux abandon d'autrefois. Je ne puis pourtant pas lui demander pardon de ne lui avoir rien fait. Que madame boude, si cela l'amuse : je n'aurai pas l'air d'y faire attention.

Quinze jours s'écoulent ainsi, pendant lesquels je suis allé une fois chez Ernest; mais je me suis bien gardé de le dire à ma femme : il faut bien faire des mystères aux gens qui voient du mal dans tout.

Un matin Eugénie me dit : « Il faut
» pourtant nous occuper de chercher un
» logement. — Un logement! pourquoi
» donc cela?— Mais pour déménager, je
» pense.—Vous voulez quitter cet appar-
» tement qui vous plaisait tant?— Oh!
» maintenant je ne puis plus le souffrir;
» et si j'avais su tout ce que je sais...
» certainement, nous en aurions pris un
» autre en nous mariant. — Su ce que
» vous savez..... Est-ce que vous allez
» recommencer?... — Vous ne pouvez

» pas nier que c'est ici que vous avez
» connu mademoiselle Marguerite.....
» Tout le monde le sait dans la maison,
» et certainement il n'est pas agréable
» pour moi d'y demeurer... — Tout le
» monde sait dans la maison que je
» parlais à ma voisine... mais tout le
» monde sait aussi que je n'étais pas
» son amant. — Ah! ce n'est pas ce
» qu'on dit... les portiers eux-mêmes...
» — Comment, Eugénie! est-ce que
» vous causez avec les portiers? — Non
» pas moi... mais notre bonne leur parle
» quelquefois... c'est assez naturel... Et
» je sais, monsieur, que mademoiselle
» Marguerite ne se contentait pas de
» recevoir vos visites... elle venait chez
» vous. — C'est faux, madame. — Vous
» n'en conviendrez pas... c'est tout sim-
» ple... Vous ne pourriez pas dire qu'elle

» venait avec son amant... — Ah! si... Je
» me rappelle qu'en effet elle est venue
» une fois, une seule fois chez moi, un
» matin, pour me demander si j'avais
» vu son chat qu'elle avait perdu. —
» Son chat!... Ah! ah!... le prétexte est
» charmant!... Cette demoiselle si sage
» qui vient chez un garçon pour cher-
» cher son chat!... — Je vous jure que
» c'est la vérité. — Et une autre fois elle
» sera venue vous demander son chien,
» n'est-ce pas? »

Je ne réponds pas, car je sens que je me mettrais en colère, et alors il est bien plus sage de se taire... Eugénie s'aperçoit peut-être qu'elle a été trop loin : au bout d'un moment elle me dit avec douceur :

« — Il faudrait toujours déménager
» quand notre fille reviendra de nour-

» rice; ce logement sera trop petit...
» Pourquoi attendrions-nous ce moment?
» — Madame, ce logement me convient,
» et je veux y rester. »

Je ne suis point habitué à résister à ma femme; mais ses soupçons sur ma liaison avec madame Ernest me donnent de l'humeur, et cela me contrarierait de quitter mon logement.

Eugénie n'insiste pas. Pendant plusieurs jours nous sommes froidement ensemble, et il n'est plus question de logement. Je vois bien que ma femme a envie de m'en reparler, mais elle n'ose pas. Après tout, je réfléchis que les voisins, les portiers, les commères ont bien pu faire des propos... Ces gens-là n'aiment qu'à médire. Ils me voyaient monter chez la jeune fille; ils pouvaient croire qu'Ernest n'y était pas. Pourquoi forcer ma femme à entendre sans cesse les sots propos de ces gens-là!... Ce logement lui déplaît... D'ailleurs, il faut bien faire quelque chose pour avoir la paix. La paix!... Ah! oui; je commence à sentir que c'est un bien précieux qui n'habite pas toujours dans l'intérieur des ménages.

Et je dis un matin à Eugénie : « Si tu » veux t'habiller tantôt, nous irons en- » semble chercher des logemens. »

Alors elle vient se jeter dans mes bras, elle m'embrasse tendrement; elle a repris toute sa bonne humeur d'autrefois. Pour rendre ces dames aimables, il ne s'agit que de faire toutes leurs volontés.

CHAPITRE V.

UNE SCÈNE.

Nous avons loué un appartement sur le boulevard Montmartre. Il est un peu cher, mais il est fort joli. Nous ne pourrons l'habiter que dans trois mois. En attendant, ma femme est d'une humeur charmante, sauf ces petites discussions qui arrivent entre les gens les mieux unis; car enfin nous ne sommes pas parfaits : mon Eugénie est comme dans les premiers jours de notre mariage; elle ne me parle plus d'Ernest ni de Marguerite, et moi je ne lui dis pas que je vais les voir quelquefois.

Par une belle journée d'hiver, nous formons le projet d'aller voir notre fille. Il serait trop long d'attendre au printemps pour embrasser notre petite Henriette. A peine avons-nous formé ce projet que je cours louer un cabriolet pour toute la journée. Je fais mettre dedans un pâté, une volaille froide, du vin de Bordeaux; toutes choses que l'on se procure difficilement chez les nourrices, et qui pourtant ne sont déplacées nulle part. Eugénie a un grand chapeau qui la garantit du vent, un manteau bien ample ; je m'entortille dans le mien, ne laissant que mes mains libres pour conduire, et nous voilà partis pour Livry.

Nous avons une belle route, un froid piquant, mais un beau soleil. Nous avons, ce qui est le mieux, de l'amour et de la bonne humeur pour compagnons de voyage : aussi faisons-nous le nôtre gaîment. Lorsque j'ai trop froid aux mains, Eugénie prend les rênes et conduit à ma place. Nous chantons, nous rions, nous mangeons même dans notre cabriolet; nous y sommes nos maîtres; nous n'y sommes que nous deux : point d'ennuyeux cocher derrière qui murmure si nous allons trop vite ou si nous fouettons son cheval; qui puisse rire en comptant les baisers que nous nous donnons. Lorsqu'on s'aime, on se trouve si bien de n'être que deux !

Nous passons contre la lisière de la fameuse forêt de Bondy, qui est beaucoup moins fameuse aujourd'hui parce qu'il y a moins de voleurs dans les forêts et plus dans les salons. Nous arrivons à Livry, village où il n'y a presque pas de chaumières, bourg où il y a peu de maisons. Nous trouvons celle de notre nourrice. Nous faisons une entrée triomphale dans une cour pleine de fumier, de crotte et de mares d'eau : les paysans appellent cela du *piqueux*. Ma femme est déjà descendue de voiture ; elle a aperçu la nourrice tenant un marmot dans ses bras, et elle court lui prendre le poupon en disant : « C'est ma fille ! je la reconnais ! »

Moi, j'avoue que je ne l'aurais pas reconnue. Quand ma fille nous a quittés, elle avait trois jours; et, à cet âge, je trouve que tous les enfans se ressemblent. Aujourd'hui elle a quatre mois; on commence à distinguer quelque chose; mais je n'aurais pu deviner si c'était là ma fille ou celle de la nourrice, qui n'a que trois mois de plus : les mères ne se trompent point.

Eugénie admire sa fille, et veut déjà qu'elle me ressemble. Avec la meilleure volonté du monde, je ne trouve aucun rapprochement; et, quoique je sente que j'aimerai beaucoup ma fille, franchement je ne lui vois encore rien d'admirable.

Ce que j'admire, c'est la santé, la corpulence de notre nourrice. Cette femme-là serait de force à allaiter quatre enfans à la fois; et, en considérant ses

grosses joues, sa large poitrine, je dis, comme *Diderot* : « On pourrait l'em-
» brasser pendant six semaines de suite
» sans la baiser à la même place. »

J'ai bien fait d'apporter des provisions. On ne trouve ici que des œufs, du lait et du lard : c'est champêtre, mais ce n'est pas succulent. Je mange avec les paysans pendant que ma femme porte et berce sa fille. Eugénie dit que je suis un gourmand, que j'aime mieux le pâté que ma fille. J'aime beaucoup l'un et l'autre. J'avoue que je ne puis pas encore m'enthousiasmer pour un petit être qui ne parle pas et ne fait que des grimaces ; mais mon cœur me dit que je n'en serai pas moins bon père pour cela. L'exagération s'éloigne de la vérité, et l'enthousiasme ne prouve pas le sentiment.

Nous allons visiter les environs. Nous n'admirons pas la verdure, parce qu'il gèle ; mais nous voyons de beaux sites, des points de vue qui doivent être délicieux en été, et des prairies où il doit être fort agréable de se rouler quand la luzerne est poussée.

Nous revenons nous chauffer devant un peu pétillant, et on se chauffe à l'aise devant les énormes cheminées de campagne : c'est la seule chose que je regrette de nos bons aïeux.

Nous mangeons de nouveau, car c'est toujours à cela qu'on revient, et on y revient toujours avec plaisir ; puis nous embrassons l'enfant, la nourrice, tout le monde, et nous remontons en cabriolet. Il est près de cinq heures, et en hiver la nuit vient vite.

Le soir, le froid semble plus piquant.

Eugénie et moi, nous nous serrons l'un contre l'autre. Mon manteau, qui est très-grand, nous entortille tous deux : nous cherchons tous les moyens de nous réchauffer. Eugénie se place sur mes genoux ; elle conduit ; je la laisse faire : il ne fait presque plus jour. Tout à coup le cheval s'arrête : Eugénie et moi ne pensions plus être sur la route. Je ne sais pas trop où nous en étions ; mais enfin, le cheval, ne se sentant plus guidé, avait pris sur le côté : il était en travers du chemin, et justement arrêté devant un fossé.

Nous rions de notre situation, de nos distractions, qui pouvaient nous faire rouler dans un fossé... Mais heureusement notre cheval n'était pas amoureux. Je reprends les guides ; je remets notre voiture dans le bon chemin, et nous revenons à Paris en trouvant que cette journée a été bien courte, en nous promettant d'aller encore voir la nourrice.

Quelques jours après cette visite à Livry, en rentrant chez moi, je trouve Ernest dans le salon, causant avec ma femme. J'avais engagé quelquefois Ernest à venir me voir, et il ne l'avait pas encore fait. Ce qui me surprend, c'est qu'Eugénie a l'air fort aimable : je craignais qu'elle ne lui fît au moins froide mine. Mais je comprends bientôt pourquoi elle a conservé son air gracieux : Ernest s'est fait annoncer sous son nom de famille, que je n'ai jamais dit à ma femme.

« Voilà un de tes amis, M. Firmin, qui » t'attend depuis long-temps, » me dit Eugénie lorsque j'arrive. « Je n'avais pas » encore eu le plaisir de voir monsieur...

» Il me semble qu'il n'était pas à notre
» noce... — C'est vrai, » dis-je en prenant la main d'Ernest. « J'avoue que...
» je l'avais oublié... Ce jour-là, il est
» permis d'avoir peu de mémoire. »

Je suis un peu embarrassé. Je n'ose demander à Ernest des nouvelles de sa femme ; je vois qu'Eugénie ne sait pas que c'est l'amant de mon ancienne voisine qui est devant elle. Je me hâte de causer théâtres, littérature ; je mets Ernest sur son terrain, et en effet il m'apprend les nouvelles de coulisses. Mais tout à coup il s'écrie :

« J'ai été bien fâché, avant-hier, de ne
» pas m'être trouvé à la maison quand
» vous êtes venu... Ma femme m'a dit
» que vous m'aviez attendu long-temps.

» — Monsieur est marié ? » dit aussitôt Eugénie. Ernest, pour toute réponse,

se contente de s'incliner. Puis il reprend:
» J'ai été d'autant plus contrarié que
» j'avais une loge du Vaudeville à vous
» offrir; ce qui, peut-être, aurait amusé
» madame. »

Eugénie remercie; moi je tâche de ramener la conversation sur les théâtres, mais Ernest, qui ne se doute pas de ma crainte, me dit bientôt : « Marguerite,
» qui aimait tant le spectacle, commence
» pourtant à s'en lasser : je l'y mène si
» souvent!... »

Au nom de Marguerite, ma femme a pâli, puis elle me dit avec un sourire forcé : « Est-ce que monsieur serait
» M. Ernest?... — Oui... c'est M. Ernest
» Firmin, dont je t'ai parlé plusieurs
» fois... — Ah! je sais... Et dont *l'épouse*
» a demeuré dans cette maison. »

Ernest s'incline encore. Je me tais,

mais je me sens rougir, et c'est de colère, car Eugénie a prononcé ce mot *épouse* avec une expression d'ironie qui m'a blessé. Il y avait de la méchanceté là-dedans, et je ne conçois pas que l'on adresse des méchancetés à quelqu'un qui ne nous en a jamais fait.

Heureusement Ernest n'a pas, je crois, remarqué l'intention de ma femme. Il me parle encore littérature, spectacles. Eugénie ne dit plus un mot, et son air est aussi froid qu'il était aimable quand je suis arrivé. Je soutiens avec Ernest la conversation. Enfin il se lève, me dit adieu, et, en saluant ma femme, lui offre de lui envoyer quelquefois des billets si cela peut lui être agréable. Eugénie répond qu'elle n'aime pas le spectacle : mais cette réponse est faite d'un ton si dédaigneux, si peu poli, que cette fois Ernest a dû en être choqué. Il se contente de me regarder, sourit à demi, me serre la main avec expression et s'éloigne.

Je m'attends à une querelle, à quelque chose enfin; car je commence à m'apercevoir que, lorsqu'on est mari, il faut souvent s'attendre à quelque chose. Eugénie ne me dit rien, elle se retire dans sa chambre; je la laisse aller, et je rentre dans mon cabinet. J'y passe le reste de la journée sans la voir.

Mais à l'heure de dîner, ennuyé de ce qu'elle ne quitte pas sa chambre, je me décide à aller l'y chercher. Je la trouve assise et pleurant amèrement.

Je cours à elle, je veux l'embrasser. Elle me repousse.

« Que veut dire tout ceci, Eugénie? » pourquoi pleures-tu?... Qui est-ce qui

» te fait du chagrin? — C'est vous, mon-
» sieur. — Moi!... — Ah! vous me ren-
» dez bien malheureuse!... — Je te rends
» malheureuse!... J'avoue que je ne m'at-
» tendais pas à un tel reproche!... Quand
» je cherche à satisfaire tous vos désirs,
» tous vos goûts; quand je n'ai pas d'au-
» tres volontés que les vôtres, je vous
» rends malheureuse!... D'honneur! les
» femmes sont bien injustes... Que diriez-
» vous donc, Eugénie, si vous aviez un
» mari grondeur, fantasque ou dissipé,
» coureur, joueur?...

» — Mon Dieu! monsieur, je sais bien
» qu'un mari croit avoir tout fait quand
» il donne à sa femme le chapeau et le
» schall qu'elle désire!... Mais moi, j'ai-
» merais mieux que vous eussiez tous
» les défauts que vous citiez tout à l'heure,
» et que vous me fussiez fidèle.

» — Et vous me reprochez de ne pas
» être fidèle... A moi ce reproche!... —
» Osez-vous nier que vous allez chez
» votre ancienne voisine..... chez cette
» madame... Ernest? — Non, madame,
» je ne l'ai jamais nié; pourquoi nier
» quand on ne fait pas de mal? — Ce-
» pendant vous ne me le disiez pas, et,
» sans la visite de ce monsieur, je ne
» l'aurais pas su. — Je ne vous en ai pas
» parlé, parce que vos ridicules soup-
» çons m'ont forcé à ce mystère..... J'ai
» bien pensé que vous verriez du mal
» là dedans. Il était donc inutile de vous
» dire une chose qui ne vous intéressait
» guère! — Ah! cela ne m'intéresse pas,
» que vous alliez faire la cour à d'autres
» femmes!... Quelle horreur!... — Eu-
» génie, vous n'avez pas le sens com-
» mun... Vous me faites pitié!... — On

» n'a pas le sens commun quand on dé-
» couvre les intrigues de ces messieurs...
» Direz-vous encore que son amant est
» toujours là quand vous y allez?... C'est
» dommage que lui-même ait dit que
» vous l'aviez attendu long-temps... L'im-
» bécile! qui ne voit pas ce que vous
» allez faire chez lui quand il n'y est
» pas... — Ah! quelle patience il faut
» avoir pour écouter de pareilles sotti-
» ses!..... — Je suis sûre que vous allez
» tous les jours voir votre ancienne
» voisine... cette Marguerite... Je ne la
» connais pas, mais je la déteste, je l'ai
» en horreur..... Que son M. Ernest ne
» s'avise pas de me l'amener ici! car je
» la mets à la porte..... Mon Dieu! mon
» Dieu! après quinze mois de ménage...
» avoir une maîtresse!... »

Elle cache sa tête dans ses mains et

se remet à sangloter. Ses larmes me font pardonner son injustice. Je vais m'approcher d'elle et essayer de lui faire entendre raison, lorsque tout à coup elle se lève en disant : « Eh bien ! » monsieur, si vous avez une maîtresse, » je vous préviens que j'aurai un amant. »

J'avoue que ces mots produisent sur moi un effet fort désagréable : je sais bien qu'ils sont dits par colère, mais je n'aurais pas cru qu'Eugénie pût même avoir une semblable pensée.

« Madame ! » dis-je d'un ton qui n'a plus rien de doux, « ne me faites point » sortir de mon caractère, et ne lassez » pas ma patience. Je veux bien vous ré- » péter encore que je n'ai aucune maî- » tresse, que jamais madame Ernest n'a » été ni ne sera la mienne, que je vais ra- » rement les voir et que c'est un hasard

»quand Ernest n'est pas là à l'heure où
»je vais chez lui. D'ailleurs, comme il
»n'est employé dans aucun bureau, on
»ne peut point calculer les heures de
»son absence. Mais maintenant, ma-
»dame, songez-y bien! alors même que
»j'aurais une ou plusieurs maîtresses,
»que je négligerais ou abandonnerais
»mon ménage, cela ne vous donne nul-
»lement le droit d'avoir un amant. La
»position d'un homme et celle de sa
»femme sont toutes différentes. Je puis
»avoir des intrigues, perdre ma for-
»tune, ma santé!.. cela ne vous désho-
»norera pas, madame, et n'amenera
»point d'enfans étrangers dans le sein de
»votre famille; il n'en est pas de même
»de la conduite d'une femme : une seule
»faute la perd aux yeux de la société, et
»peut forcer les fils de son époux à par-

»tager leur pain avec les enfans de son
»séducteur;

» — Tout cela est très-commode, mon-
»sieur; cela prouve que vous pouvez
»faire ce que vous voulez et que les
»femmes n'ont qu'à passer leur vie à
»pleurer!.. est-ce que cela est juste,
»monsieur?

» — Si vous trouvez cela trop difficile...
»trop cruel..., pourquoi vous mariez-
»vous, mesdames?... en vous mariant
» vous devez savoir à quoi cela vous en-
»gage.

» — C'est vrai, au fait, ce serait plus
» commode de ne pas se marier... de faire
» comme mademoiselle Marguerite: on
»est libre de suivre ses penchans, on
»quitte les gens, on les reprend quand
»cela fait plaisir. »

Je ne réponds plus. Je me promène

de long en large dans la chambre. Cependant Eugénie ne pleure plus, elle a essuyé ses yeux; au bout d'un moment elle se rapproche de moi, me prend doucement le bras et me dit :

» — Henri, j'ai peut-être un peu tort...
» Mais enfin... si cette femme n'a pas été...
» ou n'est pas ta maîtresse..., si tu ne
» l'aimes pas... Jure-moi que tu ne l'aimes
» pas ? — Oui, je vous jure que je n'ai
» pas d'amour pour elle, que je n'ai ja-
» mais été son amant. — Eh bien! alors,
» mon ami, pour me prouver cela, tu vas
» me promettre que jamais de la vie tu
» ne remettras les pieds chez eux.

» — Non... j'en suis bien fâché, mais
» je ne vous promettrai pas cela. — Pour-
» quoi donc, si vous n'aimez pas cette
» femme?... — C'est justement parce que
» je n'ai aucune intrigue avec madame

»Ernest que je veux continuer de la
»voir, elle et son mari, quand cela me
»conviendra. D'ailleurs, écoutez, ma
»chère amie : aujourd'hui vous êtes ja-
»louse de cette dame, et vous ne voulez
»plus que j'aille là; dans quelques jours
»vous serez jalouse d'une autre, et vous
»me défendrez d'aller ailleurs. Cela ne
»peut pas s'arranger ainsi. Je vous aime...
»je vous chéris comme aux premiers
»jours de notre mariage ; mais je ne veux
»pas être votre esclave. Il n'y a rien de
»plus sot qu'un mari qui n'ose point
»faire un pas sans la permission de sa
»femme; il n'y a rien de plus imperti-
»nent qu'une femme qui dit à son mari :
»Vous n'irez pas là, parce que je ne le
»veux pas.

» — Mais, Henri, je ne vous le défends
»pas; je vous en prie. — Non, ma chère

» Eugénie, je suis désolé de vous refuser,
» mais j'irai où cela me plaira. — Et vous
» osez dire que vous n'aimez pas cette
» femme-là ! — Si j'étais son amant, vous
» n'auriez jamais su que j'y allais, vous
» n'en auriez jamais entendu parler. —
» Ainsi vous préférez l'amitié de ces gens-
» là à mon repos, à mon bonheur ; vous
» leur sacrifiez ma tranquillité. — Votre
» repos ne doit pas être troublé des vi-
» sites que je rends à Ernest. Je vous le
» répète, je ne céderai point à des soup-
» çons ridicules, et je ferai mes volontés.
» —Cela suffit, monsieur : j'apprécie
» maintenant votre amour à sa juste va-
» leur. »

Et madame retourne dans sa chambre.
moi, je me mets à table et je dîne. Eugénie ne revient pas. Je dîne seul. C'est la première fois depuis notre mariage ;

hélas! je n'aurais jamais pensé que cela dût arriver.

Mon dîner est bientôt fini : rien n'ôte l'appétit comme les disputes. Et se disputer avec quelqu'un que l'on aime, cela donne en même temps de la colère et du chagrin.

Je sors aussitôt après mon dîner. Je marche sans but, mais je marche, et rien n'est bon comme le grand air pour calmer la mauvaise humeur. Cependant on ne peut pas toujours marcher; d'ailleurs il fait froid. J'entre aux Variétés. C'est un théâtre où l'on rit ordinairement, et c'est si bon de rire!

Je vais me placer à l'orchestre. J'y aperçois Bélan, non plus frisé et pincé dans son habit, comme on le voyait toujours étant garçon, mais enveloppé dans une ample redingote à la propriétaire qui est croisée et boutonnée jusqu'au menton, et ayant une figure sérieuse qui ne ressemble plus à celle de l'homme qui cherchait des conquêtes.

Est-ce donc là l'effet du mariage?... Est-ce que moi-même, sans m'en apercevoir, j'aurais subi la même métamorphose?

La rencontre de Bélan me fait plaisir; j'espère qu'elle me distraira de mes chagrins. Je vais m'asseoir à côté de lui. Le ci-devant séducteur est tellement enfoncé dans ses réflexions qu'il ne m'a pas reconnu.

«Eh bien! Bélan, le spectacle vous »amuse-t-il? — Tiens! c'est l'ami Blé- »mont!... Heureuse rencontre... Depuis »que nous sommes mariés, on ne se voit »presque plus... Ah! nous avons si bien »fait des folies ensemble autrefois!... nous

» étions garçons : c'était le bon temps !
» — Comment ! est-ce que vous vous re-
» pentez déjà d'être marié ? — Non, cer-
» tainement ; je dis cela pour plaisanter...
» Oh ! je suis très-heureux !.. Mais je veux
» dire qu'un homme marié se doit à lui-
» même de ne plus faire d'étourderies
» comme un garçon. Du reste, je suis ex-
» trêmement heureux. — Je vous en fé-
» licite. Par quel hasard n'êtes-vous pas
» avec madame, ici ? — Ah !... elle a dîné
» en ville avec sa mère, dans une maison
» où..... on ne pouvait pas m'inviter.....
» parce qu'on aurait été treize à table...
» J'irai la chercher... Mais comme c'est
» une maison où l'on dîne fort tard, Ar-
» mide m'a engagé à ne point me pres-
» se... à n'y aller qu'entre dix et onze...
» C'est pourquoi je suis venu ici en at-
» tendant. Mais vous-même, mon cher

»Blémont, je croyais que vous ne quit-
»tiez jamais votre épouse adorée; on
»vous cite comme des tourtereaux!.....
»— Ah! les tourtereaux ne sont pas tou-
»jours d'accord... Nous avons eu une pe-
»tite querelle... et je viens me distraire
»au spectacle. — Bah! vraiment!... vous
»avez eu une querelle?... Eh bien! c'est
»comme moi : j'ai assez souvent des
»querelles avec Armide... Mais ça n'em-
»pêche pas d'être heureux!..... Ce sont
»de petits nuages qui ne font que pas-
»ser. — Et votre belle-mère pleure-t-elle
»toujours? — Ah! ne me parlez pas de
»ma belle-mère..... Je vous avoue que
»c'est mon cauchemar!..... C'est elle
»qui monte la tête à sa fille... Je sais bien
»que ce n'est pas par mauvaise inten-
»tion... elle est trop noble pour cela...
»Mais quand on manque à un salut, à

»une cérémonie, quand on ne lui offre
»pas la main assez vite, ce sont des
»reproches, des plaintes!... Du reste, je
»suis fort heureux; et quoique ces po-
»lissons de Giraud aient déjà voulu faire
»croire que j'étais cocu... — Quoi! les
»Giraud ont dit?... — Que j'étais cocu...
»Oui, mon ami, ils l'ont dit!..... Tandis
»que j'ai une femme d'une sévérité de
»principes!..... et puis de ces femmes,
»d'ailleurs, avec qui on peut être tran-
»quille... Vous savez?... de ces femmes
»froides... marbrées... Quand on les em-
»brasse, c'est absolument comme si on
»ne les embrassait pas; ça leur fait le
»même effet. — Ah! diable!... c'est très-
»rassurant! — Ah! par exemple, quand
»je serai cocu, moi, je permets qu'on l'af-
»fiche!... Mais on sait pourquoi les Gi-
»raud ont dit cela : le dépit de n'avoir

» pas été de ma noce. — Je le pense aussi.
» Malgré cela, je ne puis croire qu'ils se
» soient permis de... — Si fait. Ah! mais
» je vais vous dire; ils ont trouvé un pré-
» texte pour faire des propos. Je vous ai
» dit que, pour obtenir la main d'Ar-
» mide, j'avais écarté bien des rivaux,
» entre autres un marquis qui avait six
» croix. — Oui. — Eh bien! au lieu de
» se fâcher, comme les autres, de ce que
» je l'emportais sur lui, le marquis est
» venu franchement me faire compliment,
» et avec une amabilité charmante il m'a
» dit : « Vous l'emportez sur moi, on a
» raison : vous valez mieux que moi: je
» vous rends justice, je vous apprécie.
» Épousez mademoiselle de Beausire,
» mais permettez-moi d'être toujours de
» vos amis... » Hein! comment trouvez-
» vous cela? — C'est fort aimable! —

» Vous sentez bien que j'ai été sensible
» à cette manière d'agir. J'ai engagé le
» marquis à venir nous voir; il est venu,
» il est même venu très-souvent. C'est sur
» cela que les Giraud ont lancé des quo-
» libets. Quand ma femme a su cela, elle,
» qui est très-sévère, voulait sur-le-
» champ que je priasse le marquis de
» cesser ses visites; mais moi j'ai montré
» du caractère. J'ai dit au marquis : « Vous
» venez tous les jours, tâchez de venir
» deux fois par jour, et ça me fera plus
» de plaisir. » Il le fait... Et cette fois, du
» moins, ma belle-mère a trouvé que j'a-
» vais très-bien agi. »

Je ne dis plus rien, mais je ris en moi-même. Égoïstes que nous sommes: nous rions du mal des autres, et nous voulons qu'on s'apitoie sur nos peines!

A dix heures et quart, quoiqu'il y ait

encore une pièce à voir, Bélan s'en va pour chercher sa femme. Il craindrait, en restant, d'arriver trop tard et d'être grondé par sa belle-mère. Ce qui ne l'empêche pas, en me disant adieu, de me répéter qu'il est très-heureux.

CHAPITRE VI.

DES APPARENCES.

Pendant plusieurs jours, nous nous parlons à peine, Eugénie et moi; presque toute la journée elle reste dans sa chambre, et moi dans mon cabinet. De cette façon on ne se dispute pas; oui, mais cette façon d'exister est triste : ce n'est pas pour vivre comme cela avec ma femme que je me suis marié ; et si cela devait durer, à coup sûr, je regretterais mon existence de garçon.

Je suis allé chez Ernest. Ah! quelle différence!... Qu'ils sont heureux là!... Ils sont toujours amans! De l'amour du plaisir, du bonheur, voilà ce qu'ils se donnent l'un à l'autre ; et ils sont encore aussi gais, aussi enfans que lorsqu'ils habitaient la mansarde. Ernest me demande par politesse des nouvelles de ma femme ; mais je crois qu'il n'est pas pressé de la revoir : moi-même je n'ose l'engager à venir, quoique je me garde bien de leur parler de ma querelle avec Eugénie.

Quand on est jeune, quand on s'aime surtout, on ne peut pas se bouder bien long-temps. Eugénie et moi, nous tournons autour l'un de l'autre, et ce maudit amour-propre nous arrête encore. C'est à qui ne reviendra pas le premier, parce qu'elle ne croit pas sans doute avoir tort, et que moi je sais bien que j'avais raison... Mais un jour qu'Eugénie est assise près de moi et garde le silence, je mets tout amour-propre de côté; j'embrasse tendrement ma femme et nous nous raccommodons. Ah! c'est bien doux un raccommodement!..... Malgré cela, comme ils ne sont que la suite des querelles, je crois que ce sont de ces plaisirs dont il faut être sobre.

L'époque de notre déménagement approche. Je sens que je quitterai avec regret cette maison où j'ai passé de si heureux instans. Mais je garde mes regrets pour moi, car ma femme leur croirait d'autres motifs. Pour Eugénie, ce déménagement est un bonheur. J'ai l'air de le partager. Je crois qu'elle est doublement contente, d'abord de quitter cette maison, ensuite de s'éloigner de ce quartier où elle sait que nous sommes près d'Ernest et de sa femme.

La veille du jour où nous devons déménager, comme tout est sens dessus dessous chez nous, nous ne voulons pas y dîner; nous ne pouvons pas aller demander à dîner à madame Dumeillan, qui depuis quelque temps n'est pas bien portante; aller chez ma mère, cela pourrait lui faire manquer son wisk du soir : nous avons bien vite pris notre parti; nous dînerons chez le traiteur, en partie fine. Ma femme s'en fait une fête. Comme mes affaires doivent me retenir tard dans le quartier des Tuileries, je donne rendez-vous à Eugénie sur la terrasse des Feuillans; elle doit aller visiter notre nouveau logement, et de là venir à cinq heures au rendez-vous que je lui indique.

Je me suis hâté de terminer mes affaires. Je ne voudrais pas qu'Eugénie m'attendît et fût au rendez-vous avant moi. Je me suis tellement pressé qu'il n'est pas encore quatre heures et demie lorsque j'entre au Tuileries. N'importe, je me promenerai.

Il n'y a pas trois minutes que je suis arrivé, quand j'entends dire par une voix qui ne m'est pas étrangère : « Il » paraît que c'est toujours ici que nous » devons nous revoir!... C'est vraiment » singulier. »

C'est encore Lucile... Je ne l'avais pas rencontrée depuis le jour de mon mariage. Elle est mise avec beaucoup d'élégance, et elle est seule aussi.

« C'est vous, madame !... — Oui ,
» monsieur... Il faut que je vienne dans
» ce jardin pour vous rencontrer. — Il
» est certain qu'à Paris, quand on ne se
» cherche pas... — Et même quand on
» se cherche, ce n'est pas une raison
» pour qu'on se trouve. Est-ce que vous
» venez encore de vous marier, mon-
» sieur ? — Non, madame. C'est bon
» quand on est garçon... on peut pren-
» dre une femme nouvelle toutes les se-
» maines !... — Mais maintenant vous
» êtes sage ? — Oui, madame, très-sage.
» — Je vous en fais mon compliment...
» Pour un homme sage, vous me faites
» cependant l'effet d'être à un rendez-
» vous ici. — C'est vrai, madame; mais
» tous les rendez-vous ne prouvent pas

» des intrigues galantes. — Je ne sais
» pas ce que cela prouve; mais vous at-
» tendez quelqu'un, et je gagerais que
» c'est une femme! — Vous ne vous
» trompez pas; et une femme que je
» vais mener dîner chez le traiteur en
» cabinet particulier. — Voyez-vous,
» cette sagesse!... Mais j'aurais été plus
» étonnée du contraire... C'était bien la
» peine de se marier!... — Madame, je
» ne veux pas prolonger votre erreur :
» c'est ma femme que j'attends ici et à
» qui j'ai donné rendez-vous. — Votre
» femme!... Ah! pardon, monsieur, re-
» cevez mes excuses... Je ne me doutais
» pas que vous étiez devenu un *Phi-*
» *lémon!*... Comment! sans plaisanterie,
» c'est votre femme que vous attendez?...
» — Oui, certainement. Qu'y a-t-il donc
» là d'extraordinaire?... — Est-ce que

» vous êtes encore amoureux de votre
» femme, Henri? — Encore!... Mais il
» me semble que je suis marié d'hier!
» —Ah, Dieu! que c'est beau! »

Lucile se mord les lèvres en faisant un sourire de dépit. Je ne désire pas prolonger ma conversation avec elle, quoique je sache bien que ma femme ne va pas encore venir. Je fais un mouvement pour la saluer, elle me retient par le bras.

« Comment! vous me quittez si vite...
» Mon Dieu! ne tremblez pas... votre
» femme ne va pas encore arriver... —
» Je l'espère; car, franchement, je ne
» voudrais pas qu'elle me vît causer avec
» vous... — Elle vous donnerait le fouet?
» — Non, elle ne me donnerait rien;
» mais elle est jalouse, et cela lui ferait
» de la peine. — Elle aurait bien tort

» d'être jalouse de moi. — C'est vrai;...
» mais vous savez que les gens jaloux
» ont souvent tort. — Henri, je vais
» vous proposer quelque chose... —
» Qu'est-ce que c'est? — Emmenez-moi
» dîner à la place de votre femme... Vous
» lui direz ce soir que vous n'avez pas
» été maître de votre temps. — Non.
» Dieu merci! je n'en suis pas encore là.
» — Ah! c'est une plaisanterie, mon-
» sieur; je vous connais trop vertueux
» pour faire un trait semblable... Est-
» ce que vous avez des fourmis dans les
» jambes? — Non; mais je ne veux pas
» rester là. — Eh bien! promenons-nous.
» — Je ne veux pas me promener avec
» vous. — Et si je ne veux pas vous
» quitter, moi? — Lucile! je vous en
» prie, laissez-moi m'en aller. — Ah!
» Dieu... monsieur prend son air senti-

» mental... Écoutez donc : après tout, le
» jardin est libre... Si je veux marcher à
» côté de vous, vous n'avez pas le droit
» de m'en empêcher. D'ailleurs, je suis
» très-curieuse de voir votre femme...
» Est-ce qu'elle me mangera si elle me
» trouve avec vous?... Hein?... Ah! mon-
» sieur ne veut plus répondre... Mon-
» sieur est en colère. — Oui, madame.
» J'avoue que je ne comprends pas quel
» est votre motif en agissant comme vous
» le faites... C'est pure méchanceté... et
» il me semble que je ne vous ai pas
» donné sujet de m'en faire.—Ah! il vous
» semble... Vous avez bien peu de mé-
» moire... Il me semble à moi que j'au-
» rais bien des vengeances à exercer
» contre vous... — Madame, vous devez
» avoir à vous occuper de personnes qui
» vous intéressent beaucoup plus ; et

» depuis quatre ans que nos relations
» ont cessé, ce qui m'étonne c'est que
» vous vous soyez souvenue de moi. —
» Il est certain que vous ne le méritez
» guère... Mais, que voulez-vous!...
» c'est peut-être pour cela... — Lucile,
» un autre jour nous causerons tant
» que vous voudrez ; mais aujourd'hui,
» je vous en prie, laissez-moi... ne res-
» tez pas avec moi. — Ah! ah!... il me
» fait rire. »

Je me mets à marcher très-vite. Lucile marche de même en continuant de me parler, quoique je ne lui réponde plus. Je m'aperçois qu'on nous regarde, parce que j'ai l'air de fuir une femme qui me poursuit. Je suis au supplice. Je m'arrête.

« Lucile, c'est affreux ce que vous me
» faites... — Allons! calmez-vous, je vais

»vous laisser... car vous me faites de la
» peine... Vous avez des mouvemens
» convulsifs à chaque femme que vous
» apercevez!... Mais dites-moi aupara-
» vant... avez-vous toujours mon por-
» trait? — Votre portrait... Mais je ne
» sais pas... Je chercherai... — Je veux
» que vous me le rendiez... Vous ne de-
» vez pas y tenir... Je veux l'avoir, car il
» était très-ressemblant. — Je vous le
» donnerai. — Je demeure toujours dans
» la même rue... seulement deux maisons
» au dessus. — C'est bien ; j'irai le mettre
» chez vous. — Vous me le promettez.
» —Oui. — Ah! vous serez bien aimable.
» Adieu, mon cher Henri... Allons! ne
» soyez plus fâché... et n'oubliez pas ce
» que vous venez de me promettre... —
» Oui, je... »

La parole expire sur mes lèvres : je

viens de voir ma femme à deux pas de nous, ma femme qui est pâle, tremblante, qui nous examine. Et, dans ce moment, Lucile me tient la main en me disant adieu : et moi, enchanté de ce qu'elle me quittait, je lui secouais amicalement la main! Eugénie a vu tout cela; et Lucile, qui s'aperçoit du changement qui vient de s'opérer dans mes traits, se retourne, regarde ma femme, laisse échapper un sourire moqueur, et s'éloigne en me disant encore adieu d'un air très sans façon. Ah! je ne sais pas ce que je lui ferais!

Je m'approche de ma femme. Je suis sûr que j'ai l'air aussi embarrassé que si j'étais coupable.

« Te voilà.... Je causais avec une
» dame... que je venais de rencontrer...
» —Je l'ai vue, cette dame; je l'ai entendue

» même... Il était inutile, monsieur, de me
» donner rendez-vous... de me faire venir
» pour être témoin de choses pareilles. —
» Allons ! tu vas encore voir du mal là
» dedans... Mais je te jure... — Oh ! cela
» ne vous coûte rien de jurer !... Quelle
» est cette femme ?..... Est-ce votre an-
» cienne voisine, madame Ernest ? —
» Oh ! pas du tout..... C'est une femme
» que... j'ai connue avant d'être marié.
» — Ah ! c'est une de vos anciennes maî-
» tresses ? — Eh bien ! quand cela serait...
» Comme depuis bien long-temps je ne
» la vois plus..... — Vous ne la voyez
» plus, et elle se permet de vous parler
» aussi librement !..... en vous tenant la
» main... En vous regardant dans le blanc
» des yeux..... et elle me rit au nez en
» s'éloignant..... Ah ! elle a l'air bien ef-
» fronté !... Mais je la reconnaîtrai, celle-

» là... J'ai eu le temps de la considérer :
» vous ne m'aperceviez pas, vous étiez
» si occupé de cette femme!... Vous lui
» avez promis quelque chose, car elle
» vous disait : « N'oubliez pas ce que
» vous venez de me promettre. » Est-ce
» vrai, monsieur? — Mon Dieu! c'est
» possible, madame !...... Je ne sais pas
» trop ce qu'elle me disait, mais je ne
» désirais qu'une chose : c'était de m'en
» débarrasser... car je me doutais qu'en
» la voyant me parler, vous vous met-
» triez encore mille chimères en tête.....
» — Des chimères!... Il faudrait vous
» voir dans les bras d'une femme, et ne
» pas trouver cela mal!... Ah! j'étouffe...
» Je n'en puis plus! »

Elle met son mouchoir sur ses yeux. Je lui prends le bras et l'entraîne : je n'ai pas envie de me donner encore en spectacle sur la terrasse des Feuillans. Nous marchons quelque temps, sans rien dire, dans les Champs-Élysées. Je m'arrête devant un restaurateur. Je veux l'y faire entrer :

« Quel est cet endroit ? — Un traiteur...
» où nous devons dîner. — C'est inutile,
» je n'ai pas faim, je veux retourner chez
» moi. — Vous savez bien que toutes les
» affaires sont emballées, empaquetées
» chez nous, et que nous ne pouvons pas
» y dîner. En vérité, Eugénie, vous vous
» faites du mal sans raison... Comment
» pouvez-vous penser, si j'avais des re-
» lations avec cette femme, que je res-
» terais avec elle là où je sais que vous
» allez venir ? — Que lui avez-vous pro-
» mis ? — Eh ! mon Dieu ! je n'en sais
» rien : elle m'ennuyait, elle m'impatien-
» tait depuis dix minutes ; je lui aurais

» promis tous les trésors de l'Inde pour
» m'en débarrasser. — Mais pourquoi
» vous tenait-elle la main ? — Parce que
» c'est l'habitude de toutes ces femmes-
» là : elles ne peuvent pas vous parler
» sans vous prendre ou le bras ou la
» main. — C'est donc une fille? — Non...
» Mais c'est une femme... entretenue. —
» Elle a l'air bien hardi toujours! »

Enfin j'ai fait entrer Eugénie; on nous conduit dans un cabinet. Je fais ma carte; car après tout je sens, moi, que je n'ai pas dîné. Le garçon s'éloigne en me disant à demi-voix à l'oreille: « Monsieur sonnera quand il voudra qu'on » monte le dîner. » Il me croit en bonne fortune!..... Les maris et femmes n'ont pas l'habitude de venir en cabinet particulier.

Madame s'est assise dans un coin,

bien loin de la table. Sa tête est appuyée sur une de ses mains. Elle ne pleure plus, mais elle ne me regarde pas. Comme cela va être amusant si, pendant tout le temps que nous dînerons ou que je dînerai, elle fait cette mine-là ! Voilà donc cette partie fine où je me promettais tant de plaisir ! L'homme propose, et la femme dispose !

Je donne Lucile au diable de bon cœur. C'est sa méchanceté, son entêtement, qui sont cause de tout ceci. Ne pas vouloir me quitter !... Ah ! c'est bien parce que cela me contrariait.

Si nous devons rester comme cela, il me semble que je ferai bien de sonner tout de suite pour avoir le dîner.

Notre cabinet donne sur les Champs-Élysées. Le temps est beau : nous ne sommes qu'au milieu d'avril, et il fait chaud comme en été. J'ouvre la fenêtre, je regarde quelque temps les promeneurs. Eugénie ne bouge pas. Je me rapproche d'elle.

« Eugénie, est-ce que vous allez rester
» ainsi à une lieue de la table? — Je vous
» ai dit que je n'avais pas faim... Dînez,
» monsieur; je ne vous en empêche pas...
» — Quelle jolie partie de plaisir! —
» Oui, je m'en souviendrai. — Et moi
» aussi, madame. Il faut que vous ayez
» une bien mauvaise tête pour ne pas
» vouloir entendre raison!..... Supposer
» que je cherchais cette femme lorsque
» je vous attendais! — Je ne dis pas que
» vous la cherchiez, monsieur: je ne suis
» pas assez bête pour cela ; mais je pense
» que c'est elle qui vous cherchait, ce
» dont sans doute vous lui évitez sou-

» vent la peine... D'ailleurs, vous m'avez
» avoué qu'elle était votre maîtresse.
» — Que je l'avais connue avant d'être
» marié..... C'est vrai, madame..... J'ai
» peut-être eu tort aussi de vous avouer
» cela ; mais ne faisant point de mal, je
» n'ai pas cru devoir mentir. — Quand
» on a connu une femme... et qu'on la
» revoit..... on doit être toujours aussi
» bien avec elle. — Vous vous trompez
» beaucoup ! S'il en était ainsi, les hom-
» mes auraient fort à faire. — Tout le
» monde n'a pas connu tout Paris comme
» vous ! — Madame, je n'en ai pas fait
» plus qu'un autre... Mais je vois seule-
» ment que j'aurais dû être moins franc
» avec vous..... — Vous auriez dû l'être
» davantage avant de m'épouser. —
» Comme c'eût été joli, d'aller conter à
» une demoiselle honnête mes aventures

» de garçon!... En vérité, vous n'avez pas
» le sens commun. »

Je prends le cordon de la sonnette et je le tire avec violence, car je sens l'impatience qui me prend.

Le garçon vient. Il entr'ouvre à peine la porte et passe le bout de son nez, en disant : « Que désire monsieur ? — Qu'on » nous serve. — A l'instant, monsieur. »

Et il s'éloigne après avoir cependant jeté un petit regard sur Eugénie.

« Madame, vous ne mangerez pas, si » cela est votre idée; mais au moins, pour » ne pas se singulariser devant ce gar- » çon, vous devriez vous mettre à table. »

Eugénie ne répond rien; mais elle vient s'asseoir à table en face de moi.

On nous apporte le potage. J'en sers à madame.

« Mais, monsieur, je vous ai dit que

» je ne prendrais rien. — Mais, madame,
» je ne vous dis pas d'en prendre; j'en
» mets dans votre assiette, pour que
» vous ayez l'air d'avoir dîné. »

Madame ne répond plus; elle ne touche pas à son assiette. Je mange mon potage en chantant entre mes dents. C'est mon habitude quand j'ai de l'humeur.

Le garçon arrive. Il a toujours la précaution de tourner la clef trois ou quatre fois dans la serrure avant d'entrer. Ce garçon est un imbécile : il devrait bien voir que nous ne pensons pas à faire l'amour.

Il nous apporte un beefteck. Chez nous, c'est toujours Eugénie qui sert; je n'aime ni servir ni découper. Mais madame ne veut pas même me regarder. Je me coupe du beefteck avec un mouvement de colère, puis je pousse le plat devant Eugénie. Mais elle n'y touchera pas : elle pense bien que cela me contrarie de voir qu'elle ne mange pas, aussi elle se gardera bien de prendre la moindre des choses.

Je sens que la contrariété, l'impatience m'ôtent aussi l'appétit : c'est égal ! je mets les morceaux doubles. Pour augmenter mon ennui, un petit joueur de vielle s'est arrêté sous notre fenêtre; depuis que nous sommes là, il joue le même air, et pourtant je lui ai déjà crié qu'il n'aurait rien. Je ne suis pas d'humeur à être sensible.

Allons! voilà que l'on tourne et retourne encore la clef... Que ce garçon est bête ! J'aurais du plaisir à le souffleter. Il entre, et, toujours d'un air mystérieux, place des ris de veau sur la table.

En vérité, ces querelles de ménage sont fort ennuyeuses; car il n'y a pas moyen de s'y soustraire, il faut les subir tout du long. Que vous ayez de l'ennui chez les autres, vous pouvez vous en aller et n'y pas retourner : mais chez vous... il faut toujours y revenir. Je sais bien qu'il y a des maris qui sortent le matin et ne reviennent que pour se coucher; mais être obligé de fuir sa maison pour vivre tranquille! Ne vaudrait-il pas cent fois mieux être garçon? Du moins, on s'amuse, on rit quelquefois chez soi.

Il y a sans doute long-temps que je fais ces réflexions, et beaucoup d'autres qui ne sont pas couleur de rose. La vielle va toujours son train, mais je n'y fais plus attention; j'ai aussi oublié les ris de veau qui sont devant nous : je ne pensais plus être chez le traiteur. Je suis rappelé à moi par le bruit qui se fait dans la serrure. Le garçon entre, apportant un poulet rôti.

Il place son poulet et regarde le plat précédent, qui est resté intact. Il ne sait s'il doit l'emporter ; il nous regarde l'un après l'autre Je suis certain qu'il voit peu de couples aussi taciturnes. Comme on ne lui dit rien, il se décide à parler.

« Monsieur et madame n'ont pas en-
» core touché aux ris... J'ai apporté le
» poulet trop tôt... je vais le remporter...
» — Non, non ; laissez-le, et emportez
» vos ris ; nous n'en voulons pas... —
» Ah ! monsieur, je vous assure pourtant
» qu'ils sont bien accommodés... et d'une
» fraîcheur... — Je vous dis de les rem-
» porter. »

Je ne sais pas si le ton dont j'ai dit

cela était effrayant, mais le garçon a pris ses ris, et il disparaît comme un éclair en tirant toutes les portes sur lui.

Le poulet est là. Est-ce que madame n'aura pas au moins la complaisance de le découper? Je le passe devant elle en la priant de vouloir bien le servir. Elle le repousse au milieu de la table en disant: « Je ne découperai pas. »

Je prends de nouveau le plat et le lui présente : — « Madame, vous savez bien
» que je n'ai pas l'habitude de découper.
» — Vous ferez comme vous voudrez,
» monsieur. — Vous ne voulez pas dé-
» couper, madame? — Non, monsieur.
» — Une fois, deux fois? — Non, mon-
» sieur. — Alors, comme il est inutile
» d'en faire cadeau au traiteur... »

J'enlève le plat et je jette le poulet par la fenêtre. Ma femme a fait un petit cri involontaire. Moi, je m'approche de la croisée, car j'ai remarqué que la vielle s'était subitement arrêtée. Je vois le petit Savoyard qui vient de ramasser le poulet, et qui, craignant sans doute qu'on ne descende le rechercher, repousse vivement sa vielle derrière son dos, cache la volaille sous sa veste, et se sauve à travers les Champs-Élysées, comme si le diable était sur ses talons.

A cette vue, je ne puis plus garder mon sérieux; je pars d'un éclat de rire qui s'augmente encore en voyant que le petit joueur de vielle court plus fort en m'apercevant à la croisée. Madame n'a pu résister au désir de regarder aussi ce qu'était devenu le poulet. Elle a vu l'action du petit garçon, elle se mord les lèvres pour ne pas rire; mais quand je me retourne de son côté, elle n'y tient plus, elle en fait autant que moi.

. Rien ne ramène l'accord comme le rire : avec les gens gais on a rarement des disputes. Nous nous sommes rapprochés, puisque tous deux nous avons quitté la table pour nous mettre à la croisée. Je ne sais pas comment cela se fait, mais bientôt je me trouve tenir Eugénie dans mes bras, puis nous nous embrassons, puis nous avons quitté la croisée et nous sommes au fond de la chambre, puis...

On ouvre la porte, cette fois sans avoir remué long-temps la clef. Il est dit que ce garçon-là ne fera que des gaucheries ! il ne devine jamais juste. Eugénie, rouge comme une cerise, s'est vivement éloignée de moi, mais pas assez vite pour que le garçon, qui nous a vus tout près, ne

se retire brusquement avec le macaroni qu'il apportait, en murmurant : « Par-
» don!... vous n'y étiez pas encore... Je
» crois d'ailleurs que le gratin n'est pas
» assez pris... »

Il a refermé la porte. Je rattrape Eugénie, qui murmure : « Mon Dieu!
» que pensera ce garçon! »

J'avoue que cela m'inquiète fort peu, et, au bout de quelques minutes, je crois qu'Eugénie l'oublie aussi.

Il faut que je sonne pour avoir le macaroni. Le garçon vient enfin; mais il chante, il parle tout seul sur le carré avant de toucher à la clef, puis il farfouille cinq minutes dans la serrure. Cette fois il a bien pris ses précautions pour ne pas entrer mal à propos. Pendant tout le temps qu'il est là, ma femme tient ses yeux baissés et n'ose pas remuer ni parler. Elle n'a pas l'habitude des parties fines.

J'ai fait venir du dessert, du champagne. Nous finissons notre dîner beaucoup plus gaîment que le commencement ne l'aurait fait présumer. J'ai juré au moins vingt fois à Eugénie que, même long-temps avant de l'épouser, je n'avais plus de relations avec Lucile. Elle est redevenue aimable. Elle n'a pris que des biscuits et du vin de Champagne, mais elle trouve que c'est fort amusant de dîner en cabinet particulier, et je lui promets que nous y reviendrons.

Le lendemain de cette partie est le jour de notre déménagement. Eugénie va de bonne heure avec sa bonne s'établir dans notre nouvel appartement, où elle veut sur-le-champ faire placer les meubles suivant son goût. Je reste à notre ancien logement pour surveiller les départs, les emballages; et d'ailleurs je ne suis pas fâché de rester le plus long-temps possible dans mon ci-devant appartement de garçon.

Les gens chargés de nous déménager avaient promis que tout serait terminé à quatre heures : il en est sept, et je suis encore là. Enfin les derniers meubles viennent de partir, je puis en faire autant. Je me promène encore dans ces pièces nues, mais qui pour moi sont pleines de souvenirs. C'est ici que j'ai reçu de si jolis minois... C'est ici que j'ai amené Eugénie... qu'elle m'a rendu père... Quel dommage de quitter un séjour où l'on a été si heureux !... Ailleurs le serai-je autant?

Mais c'est assez céder à des enfantillages. On doit être bien partout où l'on est avec les objets de ses affections; ma femme doit s'impatienter de ne pas me voir, partons.

J'arrive à notre nouvelle demeure du boulevard Montmartre. La bonne m'ouvre. Les derniers meubles ont été apportés, mais rien n'est encore en place. Je m'attendais à trouver un appartement tout prêt, tout rangé. « Qu'est-ce qu'on » a donc fait ici depuis ce matin ? » Je le demande à la bonne, qui semble triste, et me répond : « Dame, monsieur, je ne » savais pas, moi, où je devais faire pla-» cer tout ça. — Comment ! est-ce que » ma femme n'était pas ici avec vous » toute la journée ? — Si, monsieur; » madame est ici... D'abord elle s'est » bien occupée à faire ranger... puis, » peu après, en plaçant un meuble... —

» Elle se serait blessée?... — Oh! non,
» monsieur, non ; madame n'est pas
» blessée. Mais je ne sais pas ce qu'elle
» a trouvé qui lui a donné du chagrin...
» elle a pleuré, et puis elle s'est retirée
» dans sa chambre... et elle n'a plus voulu
» se mêler de rien... »

Allons! il y a encore du nouveau!... Est-ce que je ne jouirai plus de deux jours de tranquillité? Hier, cependant, nous nous sommes raccommodés... Ce matin encore elle ne me faisait pas la mine. Qui peut donc lui avoir causé ce nouveau chagrin?

Tout en me disant cela, je me dirige vers la chambre à coucher. Je trouve Eugénie assise sur un des fauteuils qui sont encore au milieu de la chambre ; elle est pâle, mais elle a les yeux secs et semble réfléchir profondément. A mon arrivée, elle ne bouge pas.

« Que fais-tu donc là, ma chère amie?
» On ne sait encore où se reconnaître ici,
» et la bonne dit que tu ne veux plus
» rien ordonner; qu'est-ce que cela si-
» gnifie? — Cela signifie, monsieur, que
» vous ferez tout placer à votre idée...
» Moi... je ne veux plus me mêler de
» rien... — Monsieur... Allons!... tu as
» encore quelque chose... En vérité, cela
» revient trop souvent... Voyons, qu'est-
» ce que tu as aujourd'hui?... — Oh! je
» ne devrais rien avoir; je devrais avec
» vous m'attendre à tout... Mais il est des
» choses que je ne prendrai jamais de
» sang-froid... et quand on se voit trom-
» pée aussi indignement!... —Trompée...
» Ha ça! madame, expliquez-vous; je
» vous en prie... Quel conte vous a-t-on

» fait aujourd'hui? — On ne me fait pas
» de contes, monsieur. Cette fois, j'ai
» des preuves... des preuves irrécusa-
» bles... A coup sûr, je ne les cherchais
» pas... le hasard les a fait tomber entre
» mes mains... En voulant ranger votre
» pupitre, quelque chose s'est cassé... le
» tiroir s'est ouvert... et j'ai vu... Tenez,
» monsieur, voilà ce que j'ai trouvé. »

Eugénie ouvre un tiroir, et jette sur une table devant moi les huit portraits de femme que j'avais conservés au fond de mon pupitre.

J'avoue qu'à cette vue je reste quelques momens interdit; mais je me remets enfin. « Pourquoi la découverte de ces
» portraits vous donne-t-elle de l'hu-
» meur?... Vous savez bien que je m'a-
» muse à peindre. Étant garçon, j'ai fait
» ces miniatures... Ce sont des figures de

»fantaisie... Je n'ai vu aucun mal à les
»conserver.

» — Ah! ce sont des portraits de fan-
»taisie!» s'écrie Eugénie qui devient
alors tremblante de colère et dont les
yeux sont étincelans. « Monstre que
»vous êtes!... je m'attendais à cette ré-
»ponse... Vous ne pensiez plus qu'hier
»j'avais vu un des modèles!... Tenez,
»monsieur, celui-ci est-il de fantaisie?...
»Oh! il est trop ressemblant pour qu'on
»puisse s'y tromper... c'est celui de cette
»femme qui était hier avec vous. »

Elle me présente le portrait de Lucile.
J'avais oublié qu'il était parmi ceux que
j'avais conservés, et c'est justement un
des plus ressemblans. Je ne sais plus
que dire; je suis si ennuyé d'avoir l'air
d'un coupable lorsque je n'ai fait aucun
mal, je suis surtout tellement impatienté

des reproches de ma femme, que je me jette sur une chaise et ne dis plus rien.

Eugénie me poursuit avec le portrait de Lucile à la main : « Vous êtes con-
» fondu, monsieur! vous ne trouvez plus
» de mensonges à faire... c'est dommage!
» vous les faites si bien!... Voilà donc
» cette femme avec qui, depuis long-
» temps, on n'a plus de relations, que
» l'on ne voit plus, que l'on n'a jamais
» aimée!... et on a son portrait... on le
» conserve, on le garde précieusement,
» ainsi que celui de sept autres femmes
» que probablement vous rencontrez
» aussi par hasard, comme cette fille
» d'hier!... Huit maîtresses à la fois!...
» Je vous fais mon compliment, mon-
» sieur! vous faites un époux bien sage,
» bien rangé!... Et voilà l'homme qui,
» en m'épousant, me jurait qu'il n'aime-

»rait jamais que moi; que, seule, je
»suffirais à son bonheur!... Eh bien!
»monsieur, ayez huit maîtresses, ayez-
»en trente, si cela vous plait... mais je
»ne resterai pas avec un homme qui se
»conduit ainsi... Je n'ai plus d'amour
»pour vous... Je sens que je vous hais...
»que je ne puis plus vous voir!... Je vais
»me retirer chez ma mère. Comme cela,
»monsieur, vous serez libre de recevoir
»chez vous vos voisines et toutes celles
»dont vous faites le portrait.

» — Ma foi! madame, vous ferez
»comme cela vous fera plaisir. De mon
»côté, je vous avoue que je commence
»à me lasser de votre caractère jaloux,
»de vos emportemens, de vos scènes...
»Ce n'est pas là l'existence que je m'é-
»tais promise en me mariant... Ce n'est
»plus celle si douce, si heureuse, que

» nous avons passée ensemble : et ce-
» pendant, moi, je vous aime toujours
» autant; je n'ai pas cessé un moment
» de vous aimer... Ce n'est pas ma faute
» si vous vous forgez des chimères, si
» vous voyez des intrigues dans les choses
» les plus innocentes... Je n'ai rien à me
» reprocher..... Si j'étais coupable, il est
» probable que j'aurais pris mes précau-
» tions et que j'aurais su le cacher, mais
» je n'ai vu aucun mal à conserver des
» portraits faits avant de vous connaître,
» et qui me rappelaient mes études de
» garçon..... Il y a celui de la personne
» que j'ai rencontrée hier, c'est vrai.....
» C'est même cela qu'elle me demandait
» et que je promettais de lui faire remet-
» tre quand vous êtes arrivée..... — Non
» pas de lui faire remettre, mais de lui
» porter vous-même... Je m'en souviens

» très-bien maintenant..... Ah! vous ne
» me ferez pas accroire, monsieur, qu'il
» y a long-temps que ce portrait-là est
» fait?... C'est bien cette femme telle que
» je l'ai vue hier pendant qu'elle vous
» serrait tendrement la main... Et oser se
» dire innocent quand chaque jour je
» découvre de nouvelles preuves de votre
» inconstance!... Mais vous ne lui porte-
» rez pas son portrait... ni le sien, ni au-
» cun autre... Tenez! voilà ce que j'en
» fais!... Ah! je voudrais briser de même
» les liens qui m'unissent à vous! »

Eugénie a jeté les miniatures à terre, elle marche dessus, elle les broie sous ses pieds; jamais je ne l'ai vue livrée à de tels transports de fureur. Je ne dis rien, je reste assis, il semble que ma tranquillité augmente encore sa colère. Enfin, lorsqu'elle a réduit les ivoires en poudre, elle relève la manche de sa robe, arrache le bracelet qui est à son bras, et auquel est attaché mon portrait, puis elle le jette et le brise à ses pieds en s'écriant : « Je ne conserverai » pas non plus celui d'un homme que je » ne puis plus aimer. »

La vue des portraits de femme détruits ne m'avait causé aucune émotion, mais en voyant Eugénie briser à ses pieds mon image, qu'elle avait juré de conserver toute sa vie, j'éprouve un profond chagrin. C'est une douleur vive, cuisante, qui vient tout à coup me saisir... Il me semble que tout mon bonheur vient d'être détruit comme ce portrait... J'ai fait un mouvement involontaire pour arrêter Eugénie, mais le sentiment d'une juste fierté m'a retenu, et je l'ai laissé consommer le sacrifice.

Après avoir brisé mon portrait, Eugénie s'est laissé aller dans un fauteuil, commé épuisée par les transports auxquels elle vient de se livrer. Il me semble même apercevoir dans ses yeux quelque honte de l'action qu'elle vient de commettre. Moi je me lève à mon tour, je considère tristement ces morceaux brisés de mon portrait, puis je jette un regard sur ma femme, et je quitte la chambre sans lui dire un seul mot. Je sors. Je ne sais où je vais. Je n'ai pas dîné, mais c'est à mon tour de n'avoir pas faim. Je vois encore Eugénie brisant à ses pieds mon portrait, et il me semble qu'elle ne doit plus m'aimer, que son amour, sa fidélité étaient attachés à cette image dont elle n'a plus voulu.

Je sens qu'il faut être homme plutôt qu'amant, car l'amour ne dure pas éternellement, et le courage nous soutient dans tout le cours de notre vie. Tout en disant cela, je pousse de gros soupirs, car j'adore toujours Eugénie; après tout, la jalousie est, dit-on, une preuve d'amour; ma femme reviendra à la raison, et je lui pardonnerai. Mais avoir brisé mon portrait!... mon ouvrage!... qui devait lui rappeler les séances charmantes où elle me tenait compagnie; ah! c'est bien mal! et j'aurai de la peine à lui pardonner cela.

J'ai marché long-temps. Je me trouve dans mon ancienne rue; je crois que nos jambes ont aussi un instinct, elles nous ramènent vers les lieux qu'elles ont souvent parcouru.

Si j'allais voir Ernest et sa femme pour me distraire de mes ennuis? Ceux-là, seuls, je crois, sont mes amis, et partageraient volontiers mes chagrins. Je ne leur conterai pas mes peines, mais je les oublierai près d'eux; je me dirige vers la rue du Temple.

Le portier me dit qu'il y a du monde. Je monte. Madame Ernest vient m'ouvrir et me fait entrer dans sa chambre, en me disant : « Ah! par quel miracle » venez-vous le soir, monsieur? c'est » même assez rare de vous voir le matin. » Ernest est au spectacle, mais il m'a » promis de rentrer de bonne heure. »

La petite femme me fait asseoir, et elle reprend son ouvrage. Nous causons; ou plutôt elle cause : elle me parle d'Ernest, de ses ouvrages, de ses succès, de leur manière de vivre. J'ai du plaisir à l'écouter. Pendant qu'elle parle, je la regarde, il me semble être encore à ces soirées que je passais dans sa mansarde... Marguerite est toujours la même, et dans ma pensée j'aime à lui donner encore ce nom.

Tout à coup elle s'arrête, et me dit : « Je parle toujours..... Je dois vous en-
» nuyer ? — Oh! non... — Vous ne dites
» rien ? — Je vous écoute. — C'est égal,
» vous n'êtes pas silencieux comme cela
» à l'ordinaire. Est-ce que vous auriez du
» chagrin ? — Peut-être... — Une petite
» brouille avec votre femme ?... Je parie
» que j'ai deviné ? — C'est vrai..... nous
» nous sommes un peu querellés. — Et
» cela vous fait du chagrin... Ah! vous
» êtes comme moi : quand j'ai une que-
» relle avec Ernest, cela me fait un mal!...
» Heureusement c'est rare, et cela ne
» dure pas long-temps... J'étoufferais, si
» cela durait! »

Et la petite femme me fait le récit de

quelques petites brouilleries survenues entre elle et Ernest, véritables enfantillages qui n'ont pu altérer un instant leur amour. Depuis une heure j'écoute ma petite voisine, sans m'être ennuyé un instant; cependant je voudrais savoir ce qui se passe chez moi; je me lève.

« Je ne veux pas vous retenir, » me dit madame Ernest; « votre femme vous » attend sans doute, et il ne faut pas la » laisser s'ennuyer. Ernest sera bien fâ- » ché de ne pas vous avoir vu. »

Je prends congé de mon ancienne voisine et je pars. Au moment où je sors de sa maison, une femme, qui était appuyée contre une borne, près de la porte cochère, me prend le bras avec un mouvement convulsif en me disant : « Vous » avez été une heure et demie seul avec

» elle ; son Ernest n'y était pas, je le sais,
» le portier me l'a dit. »

C'est Eugénie !...... Eugénie qui, sans doute, m'a suivi, qui m'a vu entrer dans cette maison, et qui est restée à la porte pendant tout le temps que j'étais auprès de Marguerite.

Je suis tellement surpris, tellement saisi, que je ne puis répondre. Après m'avoir dit ce peu de mots, ma femme m'a quitté, elle a fui rapidement devant moi. Je l'appelle, j'essaie de l'atteindre, j'y parviens enfin. Mais elle ne me répond pas. Elle s'obstine à ne pas me donner le bras.

C'est ainsi que nous revenons chez nous. Je veux m'expliquer avec ma femme. Elle s'est enfermée dans sa chambre à coucher ; elle refuse de m'ouvrir. On m'a fait un lit dans mon cabinet.

Il faut donc coucher chacun de son côté... et après les scènes de la soirée, se séparer ainsi. Ah! c'est bien tristement inaugurer notre nouvel appartement!

FIN DU DEUXIÈME VOLUME.

TABLE

DES CHAPITRES CONTENUS DANS CE VOLUME.

Chapitre Ier. Préliminaires de bonheur. . . 1
Chapitre II. Mariage, rencontre, bal. . . . 36
Chapitre III. La lune de miel. Noces de
         Bélan. 80
Chapitre IV. Une querelle. 117
Chapitre V. Une scène. 148
Chapitre VI. Des apparences. 179

FIN DE LA TABLE.

www.ingramcontent.com/pod-product-compliance
Lightning Source LLC
Chambersburg PA
CBHW051907160426
43198CB00012B/1794